方法對了，錢就進來了

ETFs
技術分析 圖典

廖日昇◎著

U0080920

(1) 例如 http://www.marketwatch.com

home)╱Industries → Industry Analyzer

    a) (home) 代表以下網址的首頁：

    http://www.marketwatch.com

通常你須在網站首頁輸入股票或ETF代碼並點擊輸入欄旁之GO或GetQuote，但有些網站則在第二頁輸入代碼，另有些網站則不須要輸入代碼（如www.savingsbonds.gov網站）

    b)Industries代表首頁的主綱目標題

    c)→ 代表將滑鼠箭頭對准Industries，就會出現該標題包含的次標題Industry Analyzer，點擊Industry Analyzer

(2) a) 書中出現的金錢數額，如未特別說明它們均是指美元。

    b) 書中出現的年度均代表財政年度，每家公司的財政年度其最後一天未必相同。

　　由於ETFs在台灣出現的歷史並不久，首檔ETF－即0050元大寶來台灣卓越50基金是在2003年發行，其問世時間比1993年上市及追蹤美國標準普爾（S&P）500指數的SPY，足足晚了了10年，故台灣投資人對ETF的認識可能尚不深，有些人甚至弄不懂ETF與共同基金究竟有什麼不同。

　　簡單來說，一檔ETF包含一籃子股票（或債券與有價證券），因此，與單一個股相比，ETFs的風險通常較分散，波動也較低，它的最大特色是其走勢與大盤指數的連動性高。可以說ETFs的本質是一種投資基金，你甚至可將它視為是一種新奇的共同基金，它追蹤相關指數，其買賣方式就像單一股票。基於各種各樣的理由ETFs對共同基金及股票投資人與投機客均具有獨特的吸引力，理由列舉如下：

　　◆ 首先與傳統的共同基金相較，ETFs有較低的管理費（expense ratio）。共同基金約在0.49％至2.00％，而大部份的ETFs其管理費僅在0.20％至0.60％（台灣ETFs的管理費約為0.40％），很多指數型ETF的每年管理費用甚至低於0.1％，而共同基金的平均管理費用為1％以上。較低的管理費意味著你會有較高的總回報，據晨星（Morningstar）公司估計，全美追蹤大型成長股的共同基金在2012年度的平均收益為15.3％，而追蹤同類指數的ETF其平均收益達到16.4％。ETF除了其成本較低之外，投資人任何時候均可撤出市場，但共同基金則不然，它通常有最少持股期間的限制（從3個月到1年）。

◆ ETFs與共同基金一樣，其每一股份均擁有多樣化的投資組合，例如當你買進追蹤Nasdaq 100指數的PowerShares QQQ（代碼QQQ），就好似你擁有Nasdaq最頂級的100種非金融股票，其風險當然小於你擁有單一股票。不但如此，由於ETFs是代表一籃子股票，只要你知道哪種指數或部門／產業的趨勢正往上或朝下走，則只須花最少的時間做市場研究，即可透過買進ETFs而達成投資整個市場或產業領域的目的。

◆ 就像共同基金，ETFs也擁有其成份股的發配股息。

◆ ETFs的課稅與共同基金不同，除非你賣出股份否則並不須課稅，但開放型共同基金則不同，基金經理為了籌湊足夠的金錢以應付投資人贖回而不得不賣掉股份，此時你將可能因資本利得而課稅。相當於市場莊家或專家身份的ETFs授權參與者(AP)在面對以上情況時，它可用ETFs股份向基金發行公司贖回成份股票，此種贖回並未涉及金錢買賣，故無資本利得，自然也不會產生課稅問題。AP獲得股票後再將它們賣回市場籌錢以應付投資人的贖回ETFs，因此資本利得(若有)須由AP自行消化。

◆ ETFs的市場價格不斷在調整，專家及市場莊家每隔15秒（或更少）即須調整ETFs的淨資產價值（NAV），因此ETFs與股票一樣它在市場開盤後即可交易，但共同基金則不然，其NAV是在每一個交易日的收盤之際才盤點，因此共同基金的交易只有在收盤後才會成交。

◆ 適用於股票賣空的上揚（upstick）規則並不適用於ETFs，你可在ETFs下跌時賣掉它。

由於ETFs有以上種種好處，故筆者不揣冒昧，在出版了數本股票技術分析書之後，繼續推出ETFs技術分析的類書。稱ETFs技術分析是一種類書的原因在於股票與ETFs均是屬於同一類，後者只不過是前者的集合體，此外兩者同樣可使用技術分析來決定市場進出點及選股。

雖然如此，但一種是單一股票，而另一種是基金，故技術分析的應用仍然會有各自的獨特經驗與心得。讓你了解技術分析在ETFs的應用雖是本書的主要目的，但另一重要目的則是告訴你如何利用ETFs來抓市場與部門時機。

市場範圍包含廣大，舉凡國內外股市、債市、貴重金屬、商品與貨幣市場、部門與產業等皆屬之。在應用技術分析於ETFs市場時機的掌握方面本書儘量使用各種實例圖加以闡明，讀者若能細心體會這些分析道理，必極有助於市場投資表現，而這也是筆者寫作本書的最大目的。

目錄 Contents

目錄 Contents

Part 1

抓貴金屬與
商品市場時機

金屬部門包括工業部門與貴金屬部門，工業用金屬包括銅、鐵、鋁等，貴金屬以黃金與白銀為代表，銅價往往是經濟活動的領先指標，原因是銅可使用於住房、電子設備及商業營建等，但從另一方面看，銅市場有時可能對全球或區域經濟的走勢釋出太早訊息。

　　黃金一向被許多人視為是購買力的象徵，也常被認為是最後的貨幣，而許多國家的中央銀行則視黃金為永遠的競爭對手。

　　當投機客看到黃金價格上漲，他們認為這是通貨膨脹的訊號，若黃金價格反彈太快，中央銀行就會開始拋出其庫存以壓低金價。

1-1 抓黃金與銅市場時機

黃金與銅是貴金屬市場最重要的兩項產品，前者的行情變動與通脹及政局有密切關係，後者的行情變動則與半導體及營建業有關。藉著觀察SPDR黃金信託與現貨銅價指數的動向可達到捕捉其市場時機的目的。

I. 黃金

金價經歷12年多頭行情後，今年以來迄今（2013年9月）已下跌19% ，且隨著美國景氣加速回溫，美聯儲削減量化寬鬆（QE3）措施的可能性加大，這將進一步催化金價走低。投資人在買進或賣空黃金時必須了解其市場的一些基本特質：

◆ 全球大部份的黃金產量（約50％或多於25％）是來自南非，其餘則產自俄羅斯、美國、加拿大、澳洲與巴西。

◆ SPDR黃金信託股份（GLD）在2011年9月初達到有史以來的新高之後即開始盤整，2013年4月初其價位突破支撐之後於5月下旬跌到$133水平（圖1-1）。再從黃金與白銀指數

（XAU）來看（圖1-2），兩圖的箭號代表同一位置與時間點，（圖1-2）的箭號是長期（自2001年開始）趨勢的第三點，從技術分析觀點看這一點可能會有某種程度的反彈，如它反彈則GLD價位暫時可能在實線與虛線之間進行盤整移動（圖1-1）。

如（圖1-2）沒有出現反彈，這表示貴金屬的下跌力道太強，以上無論哪種情形長線客都不宜進場交易，而短線客僅可在盤整帶的上下限間做投機交易（見圖1-1）。從後來的發展看，XAU與GLD兩者都無反彈，價位直跌而下，黃金投機客若在GLD=$133買進，將因止損單（止損點可設在$130之下）被做到而自動出場，你的損失不致太大。

上文提到的GLD是SPDR黃金股份的代號，它與iShares COMEX黃金信託（IAU）都是信託，它們直接投資於金條（gold bullion）。GLD的每股價值因須扣除基金營運費，故其價值略少於1/10盎司黃金，這也就是說GLD的每股價值並不會剛好符合當前每盎司金價的10％。黃金ETF的好處是它有低交易成本，不僅交易方便且也不須要實際運送金條，但缺點是投資人並沒有擁有實體黃金，而是擁有信託的微量股份。因此當基金擬賣出其持股時投資人無法管控，而基金持股的清償往往會造成股東的稅務問題。

圖1-1／SPDR黃金信託（GLD）在2011年中旬開始終結其2001年以來的牛市，並自今年（2013）4月初開始走跌勢

圖1-2／費城黃金與白銀指數（XAU）的長期走勢

本頁資料來源：Chart Courtesy of StockCharts.com

◆ 政治危機或恐怖攻擊常導致黃金價格上漲

黃金在2001年上旬已具有牛市跡象，該年9月11日的紐約世貿大樓恐怖攻擊更加確立黃金十幾年長期牛市的基礎，整個趨勢的結果是全球走入通脹漩渦。

◆ 儘管全球中央銀行往往藉著賣黃金以引導一般人對通脹的觀感，但2007與2008年金價的加速上漲顯示以上黃金與通脹的關係未必成立（至少短期內未必成立），黃金價格隨著全球消費者與生產者價格指數的變動而持續上升。

◆ 黃金市場最可靠的特質之一是黃金對美元的逆向關係，當美元下跌時黃金往往快速反彈向上，否則反之。（圖1-3）是美元（UUP）的一年走勢，將UUP與GLD相對照，可發現兩者的反向關係（圖1-4），這個關係在長期時框內往往更有其真實性，特別是若趨勢已建立至少數個月。黃金股票是市場中性質最不可捉摸的股票之一，它天生具有大波動性，它的主要基準是費城（Philadelphia）黃金與白銀指數（XAU）（圖1-2）。

在黃金市場最好的賺錢方法是交易黃金ETFs，如SPDR黃金信託股份（GLD），它的流動性大及易於買進與賣空，故是最好的黃金投資工具。GLD擁有黃金期貨，在任何時候其交易價是黃金價格的十分之一（須再扣除基金的營運費用），它緊密追隨黃金市場的整體價位走勢，股票技術分析的方法也同樣可應

圖1-3／PowerShares 德意志銀行美元指數看漲基金（UUP）的最近一年走勢

圖1-4／黃金（GLD）與美元（UUP）的12個月獲利比較

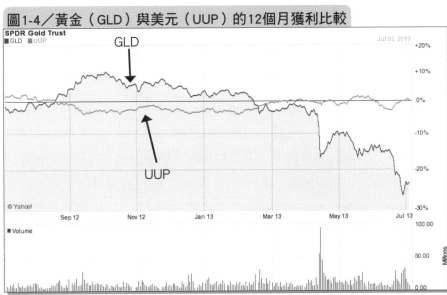

資料來源：Chart Courtesy of StockCharts.com

用到GLD。貴金屬除黃金外，另有白銀與鉑，白銀比黃金的波動性更大，交易時可使用iShares白銀信託（SLV），這個ETF追隨白銀的一般價位趨勢，如果你打算交易白銀，則SLV是極好的目標物。

II. 銅

工業金屬部門包含銅、鋁、鋅等，其中銅是工業金屬中最重要的一項，它是 全世界排名第三的最常用金屬，且其分佈遍布全球，如美國、智利、墨西哥、澳洲、印尼、扎伊爾（Zaire）與贊比亞（Zambia）等國均有非常活躍的銅礦。

銅通常是做為住房與工業營建市場的管線材料，它同時也用在半導體晶片的設計與製造及其他電子零件。若想從銅賺錢，必得注意影響銅價的關鍵因素，首先你可監控銅、住房與半導體等三種部門的股市表現與其他經濟改善訊號：

◆ 觀察住房、營建、半導體與技術部門的強度，若它們走強通常表示銅的需求增加，這應有利於銅價的看漲，如2013年4月至5月中旬的營建業（圖1-5）與半導體業（圖1-6）一片欣欣向榮，因此銅行情也跟著走上，但5月中旬之後中國製造業的數據不佳故銅價下挫。

◆ 注意其他相關訊號，如新屋開工與建築許可證的成長、

圖1-5／費城住房指數自今年（2013）4月中下旬開始走牛市

圖1-6／費城半導體指數自今年（2013）4月中下旬開始走牛市

本頁資料來源：Chart Courtesy of StockCharts.com

GDP、工業產值與其他經濟改善的信號。

◆ 觀察股市關鍵部門（見第3章）的表現以證實大資金是如何投注到銅。

其次，若要抓銅市場的時機必須了解整體利率與美元趨勢，通常弱勢美元及固定利率下跌是美國經濟走疲的訊號，強勢的貨幣（如歐元、日元與人民幣等）則意味著貨幣地主國的經濟走強，以下用圖形說明如何有效抓銅市場的交易時機：

（圖1-7）是現貨銅價的長期趨勢，今年2月中下旬銅價指數突破狹長三角形的下方形態線並往下走，這說明銅市場已進入熊市。銅價（及其他商品）挫跌的可能原因與經濟成長趨緩以致引發需求下滑及炒作過頭有關，相應於銅市場的下跌南方銅公司的股價在相同時期也形成下跌走勢（圖1-8）。

箭頭指示處顯示20天-MA交叉並朝下通過50-天MA，此時雖然其價位尚位在200-天MA之上，但因市場已顯示熊市跡象，故中短期投資人的持股應迅速退出市場，且因以上兩種MA的交叉點距200-天MA尚遠，故你也可於此時短期放空該股票。

商品與貴重金屬股票的交易通常具有較大風險，你可使用

圖1-7／現貨銅價指數（COPPER）的長期走勢

圖1-8／南方銅公司（SCSO）的近期走勢

本頁資料來源：Chart Courtesy of StockCharts.com

ETFs（如S&P SPDR金屬與採礦ETF（XME））為交易對象以
降低風險（圖1-9）。

XME是擁有多樣化的金屬與原材料之投資組合，它擁有39
種不同公司。
最大持股比重的前三名公司分別是：
Compass Minerals Int'l Inc：4.18％
Cloud Peak Energy Inc： 4.08％
CONSOL Energy Inc：4.05％

圖1-9／SPDR S&P金屬與採礦指數（XME）自4月中下旬開始走牛市

資料來源：Chart Courtesy of StockCharts.com

在黃金採礦ETFs方面Market Vectors黃金採礦ETF（GDX）是合適的選擇，它與SPDR黃金信託（GLD）的不同處是：GDX通常至少投資其總資產的80％到與黃金採礦業有關的普通股票及美國存託憑證（ADRs）。

而GLD則是企圖追蹤現貨金條價格，因此它投資100％其總資產於實體黃金儲備，論風險GLD自然大於GDX，因此GDX是投資黃金的較佳抉擇。如你要交易鋼鐵部門，則可使用Market Vectors鋼鐵ETF（SLX）。

1-2 抓商品市場時機

玉米與大豆是農業部門最具有代表性的兩項產品,藉著對穀類風向球Archer Daniels Midland(ADM)股票的動向觀察可捕捉到先一步的交易機會,另一種做法是透過ETF以降低風險。

I.商品市場概述

過去10年商品價格漲了超過一倍,它刺激礦業、農田與油田的擴張,但國際貨幣基金(IMF)預測,全球經濟今年將成長3.3%,僅稍高於去年的3.2%,供應過剩正在浮現,IMF據此調降全球最大金屬、穀物與能源消費國──中國的成長預測,而實際上中國經濟重心正逐漸從基礎建設轉向內需與服務業等消費行業,這些原因促成了今年商品價格的跌勢。

雖然商品市場的包括範圍要更為廣泛,但本節提及的商品市場主要是以農業部門為主,而對它有主要影響的是供需、氣候與國家政策,玉米與大豆是交易最熱絡的商品,也是本節敘述的

主題。過去玉米市場的交易量一直很稀薄，故其波動幅度很大，但自從北半球開始將乙醇做為汽車的首要燃料之後情況已改變。

大豆市場也因中國對豆科植物的增加需求而有大幅成長。在農作物種植與收成之間影響其價格的最重要因素是乾旱、水災與颶風等，它們能導致生長與運輸的中斷，例如紐奧良港受卡翠納（Katrina）颶風的影響使得中西部穀物的出口受到極大擾亂。

除此，全年做為食物和燃料用的穀類每年也僅收成一次，這意味著價格受到當前的供應與未來的供應預期之聯合影響，結果導致穀物價格受到內在（供應與需求）與外在（氣候、政治與無形條件）兩因素所影響。

波動性是農產品市場固有的本質，其來源出自信息的可用性及交易者的反應方式，這個市場的效率頗高（即它對資訊能做出瞬間反應），因此常出現短期價位波動。找尋商品時機宜記住以下一些指導原則：

◆ 特殊情況（如飲食潮流或主要的政治、氣候或地質事件）通常能影響供應與需求平衡，否則需求即落在可預測的範圍。

◆ 正常情況下在任何給定時間，需求依須要糧食的人與動物之數目而定，它在一些確定範圍內波動。

◆ 2007年之後油價對農產商品價格產生較大的影響，農人將燃料成本轉嫁給批發商，從此點開始高價鏈開始啟動。另外一個燃料成本提升的明顯效應是農民須要買進更多高效率的裝備，肥料公司也因其原材料價格上升而須要轉嫁成本給他人。氣候通常對農作物有主要影響，當重大氣候改變形成或有此預期時，它能影響農產品市場，以下是氣候影響農作年（它開始於種植之際，及結束於收成之際）的一些綱要：

• 春季氣候影響種植季節，太多雨能影響種植。

• 夏季氣候影響農作物發展，農作物的生長須要足夠的雨水，乾旱對農作物的生長是一浩劫。

• 北美的冬季期間，農產品市場觀察員與交易員專注於南美的氣候，原因是該地正值夏季。同理，北美冬眠中的冬季小麥須要足夠的降雪以保護農作物免於遭冷凍。

• 秋季若多雨，它能延遲收成及減少農作物產量，若你有志於農產品交易，則首應參閱美國農業部（USDA）的異常天氣公告（Weather Bulletin）網址：http：//www.usda.gov

以上網址是提供氣候趨勢與可能發展的最佳資訊源，它通

常在每星期三發佈此種報告。最廣被使用的商品價格測溫計是 Reuters／Jefferies CRB指數（CRB），它包含19種商品期貨合約（圖1-10）。

圖1-10／Reuters／Jefferies CRB指數的長期表現

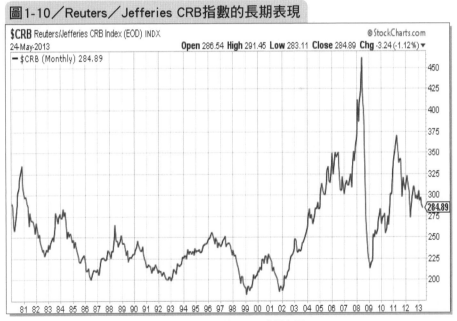

資料來源：Chart Courtesy of StockCharts.com

2008年前後商品價格因受次貸危機影響而有史無前例的大
幅震盪，CRB指數有4種不同加權的組群，它們是：

‧ 基於石油的產品（總是33％）（含WTI原油、加熱油及未
含鉛汽油）

‧ 流動性資產（42％）（包括天然氣、玉米、大豆、活牛、
黃金、鋁及銅，其中玉米與大豆各約佔6％）

圖1-11╱箭頭顯示，Archer Deniels Midland Co‐（ADM）分別領先玉米
　　的下跌與上升（箭頭位置①與②的發生時間與圖1-12的箭頭
　　位置之發生時間互相比較）

資料來源：Chart Courtesy of StockCharts.com

• 高流動性資產（20%）（包括糖、棉花、可可、咖啡等）

• 多樣化商品（5%）（包括鎳、小麥、瘦肉型豬、橙汁及銀等）

總的來說，CRB指數中能源約佔39%、食物約佔36%，其餘是由金屬與纖維類構成。

II. 玉米與大豆的交易機會

玉米與大豆市場有非常活絡的交易活動，而一些與玉米及大豆相關的個股則可被視為穀類的風向球，其中之一是Archer Daniels Midland（ADM），ADM創於1898年，總部位在伊里諾州的迪凱特（Decatur），它是全球最大的瓜子、油脂、及與食品相關等產業的最大生產商之一，它同時也是玉米、大豆及其他相關產品的大生產商。

ADM的走勢變化往往領先玉米價位走勢，如（圖1-11）的①與②分別代表具有技術意義的大幅下跌與上升關鍵點，它們在發生時機上分別領先玉米價位圖中的①與②兩點（圖1-12），及也領先大豆價位圖中的①（圖1-13）。

III.商品市場的特質

基於上文的論述，歸納並補充商品市場的一些特質如下：

圖1-12／玉米現貨價格指數（CORN），圖中的箭頭位置①與②的發生 時間分別與與圖1-11的箭頭位置①與②之發生時間互相比較

圖1-13／大豆現貨價格指數（SOYB），圖中的箭頭位置①之發生時機 可與圖1-11的①互相比較

資料來源：Chart Courtesy of StockCharts.com

◆ 市場往往在事件變得明顯之前即開始移動。

ADM走勢在2004年10月開始走上，它領先整整一年布希總統的言論。在2006年1月的國情咨文中布希強調利用乙醇做為美國汽油動力車的主要燃料源，自此玉米價格更是狂飆走高。由於商品期貨市場往往在事件變得明顯之前即開始移動，故它很適合進行圖形技術分析。

◆ 股票常領先商品走勢。

交易股票的基金經理往往比期貨交易者有更長期的時間範圍，後者常基於事件而非未來盈利的期望或預測來抓市場時機，無怪ADM領先玉米價位整整一年以上。

06年5月ADM股票開始走橫（圖1-14）及於8月開始走跌，但玉米價卻持續走高（圖1-15），這可能得歸因於當時美國中西部地區的氣候，導致大量降雨及造成洪水氾濫，這使得人們懷疑玉米供需可能因此失調，特別是在那些農牧地區（牲口高度仰賴玉米餵食的地區）更是如此。

ADM不僅領先玉米走勢，它在08年4月開始的劇跌（圖1-14）也領先原油，後者在08年7月初才開始其劇跌走勢（圖1-16）。

圖1-14／南方銅公司 Archer Deniels Midland Co-（ADM）的長期走勢 （2004～2009）

圖1-15／玉米現貨價格指數（CORN）的長期走勢（2004～2009）

資料來源：Chart Courtesy of StockCharts.com

◆市場不能永遠上升或下跌

從玉米（圖1-15）與原油（圖1-16）在08年的倒V形走勢來看，市場無法永遠上升或下跌，它終將做出些較平衡性的調整。

IV.商品ETFs的應用

使用風向球股票（如ADM）於所有的商品並非切合實際的做法，特別是你的時間有限，無法用全部時間留意股票動向時更

圖1-16／布倫特（Brent）原油現貨價格的長期走勢（2006～2009）

資料來源：Chart Courtesy of StockCharts.com

是如此。另一個值得考慮的做法是使用ETFs來降低風險，並參與商品與期貨市場的整體走勢。

商品ETFs的全面性名單可參見NYSE Euronext的網站：https：//usequities.nyx.com。（home）／ETPs／Products／ETFs。另一個提供商品ETFs的網站是德意志銀行網址：http：//www.dbfunds.db.com。（home）／Products／Commodities

受歡迎的商品ETFs介紹如下：

1）PowerShares 德意志商品指數追蹤基金（DBC）ETF

DBC成立於2006年，它是一個多樣化的商品投資組合，包括原油、加熱油、鉛、玉米、小麥及黃金。（圖1-17）顯示該基金在08年中旬時幾乎有雙倍回報。雖然DBC追蹤商品指數（CRB）的走勢，但它高度加權（57.29％）的能源部門，其中布倫特原油占13.41％、加熱油13.52％、輕質原油（WTI）12.28％、及汽油13.35％，其他黃金占7.14％，大豆、玉米、小麥、糖及天然氣合計占26.14％（截至2013/5/27）。

DBC在08年7月初開始迅速走下，未來尋求賣空時機時首先你可留意ADM的技術形態（圖1-14）。當ADM於07年末突破狹長三角形形態線且往上走時，這代表一股強勁的向上氣勢，但

08年6月的跌回三角形內及進一步向下突破三角形形態線卻說明一股向下的強勁氣勢，截至此時（2013年6月）DBC仍然未能恢復上升走勢（圖1-17）。

圖1-17／德意志銀行商品追蹤指數基金（DBC）自成立以來的表現

資料來源：Chart Courtesy of StockCharts.com

2）PowerShares 德意志銀行農業基金（DBA）DBA僅包含農業商品，它緊密追蹤農業商品（如玉米、小麥、大豆、糖與其他）（圖1-18），其中大豆的加權最大（14.15％），其次是可可（12.70％）及咖啡（12.48％）（截至2013/5/27）。

3）Market Vectors涉農企業基金（MOO）MOO追蹤Daxglobal涉農企業（Agribusiness）指數（^DXAG），它有

圖1-18／PowerShares 德意志銀行農業基金（DBA）自成立以來的表現

資料來源：Chart Courtesy of StockCharts.com

49檔成份股票,其中多數股票所代表的公司從事種子和化肥業務(圖1-19)。

4)PowerShares 全球水資源投資組合(PIO)與 PowerShares 水資源投資組合(PHO)PIO與PHO分別追蹤 Palisades全球水資源指數與Palisades水資源指數。

圖1-19╱Market Vectors涉農企業基金(MOO)自成立以來的表現

資料來源:Chart Courtesy of StockCharts.com

PHO有較大的交易量（圖1-20），理論上這些基金投資的業務應與水資源有關，但實際上它們也涉足到別的行業，如PHO的部門曝光如下：工業59.90％、公用事業22.29％、保健8.19％、資訊科技5.45％、與材料3.77％（截至2013/5/27），因此你在買進它們之前須要花點時間去了解其經營目的與成份股票的內涵。

圖1-20／PowerShares水資源投資組合（PHO）自成立以來的表現

資料來源：Chart Courtesy of StockCharts.com

抓貨幣市場時機

貨幣交易可透過期貨與現貨市場，或是使用ETFs及共同基金，貨幣與期貨市場的風險極大，但使用ETFs來做交易可讓你免於處在驚心動魄之境。

貨幣市場的動向受制於內在與外在因素，內在因素通常與每個國家對其經濟與貨幣的管控水平有關，例如中國政府一向主張對人民幣須維持它們在一狹小的交易帶。

2005年7月中國政府藉著解除它對美元的貨幣掛鉤，而開始放寬該交易帶，其他的全球（特別是來自新興市場與欠開發國家）貨幣也大都受其政府管制；外在因素與貿易問題或外人對該國政經情勢的市場感覺有關。影響貨幣價值的重要因素除了內在與外在因素外，其他重要的影響因素如下：

2-1 影響貨幣價值 的重要因素

當地國貨幣價值影響你對該國的股票投資利得,故進行國外證券投資之前首須了解影響該國貨幣的諸多因素。

◆ 該國的利率及它相對於其他國家的利率水平。較高的利率通常能吸引交易者,如美聯儲明天就提高利率,則美元價值也將會跟著提升,特別是針對那些貨幣利率一路下跌或利率維持相同的貨幣,美元價值更是會相對升高。

◆ 全球及問題中國家的通脹率。

除非中央銀行提升利率以抑制通脹,否則有較高通脹率的國家往往有較弱的貨幣。

◆ 預算狀況。

國家預算若看起來較佳,則對該國貨幣的影響也會較好,這當然是一種很主觀的見解。

◆ 政治穩定。

政府內部的動盪能造成外匯的動盪，例如克林頓政府時期當陸文斯基（MinicaLewinsky）性醜聞發生時美元遭受許多挫折，又如布希政府時代美國經濟在一些方面仍然維持強勁，但美元價值卻因伊拉克戰爭及布希的不受人歡迎而走低。

◆ 國外政策。國外困擾能導致動盪的匯率，例如伊拉克戰爭。

◆ 國內政策。國內問題及引起的政府稅務與健保政策、及其他財政問題，皆能引起貨幣價值的升與降。

ETF小叮嚀

美國股市去年大漲，投資人可能有偏高的股票投資組合，目前正是重新平衡資產組合的良機。為了尋找合適的資產配置比率，不妨將貴重金屬、商品、與貨幣市場等ETFs也列入投資組合。

2-2 現貨市場

現貨市場影響ETF走勢，但因其風險大於後者，故挑選合適的ETF做交易才是正確的選擇。

現貨（spot）市場是大部份貨幣完成交易的地方，它之所以重要是因它能影響ETFs走勢，當然也有相當數量的貨幣，在期貨市場交易。現貨市場是一極大的市場，它幾乎完全操控在大銀行與公司手裡。

以下是一些關於現貨市場的事實描述：

◆ 貨幣交易（現貨與期貨）。

貨幣交易是從星期一至星期五連續地進行，這個市場是自紐西蘭開始，接著是雪梨（Sydney）、東京、香港、新加坡、巴林（Bahrain）、法蘭克福、日內瓦、蘇黎世（Zurich）、巴黎、倫敦、紐約、芝加哥及洛杉磯，然後再從頭開始。

◆ 場外交易（over-the-counter trades）。

場外交易是直接由兩個人或兩機構透過電話進行，其交易量佔所有國外市場交易值的約三分之一，雖然我們無法看到這些交易，但它們卻可能影響市場。

◆ 銀行間市場。

現貨市場的大部份交易發生在銀行與公司之間，當你看到一個貨幣匯率報價板，這就代表銀行間的市場，銀行建立此等網路，它可做為中介、市場莊家或批發商。交易者在此市場買賣貨幣，而交易則在兩天內結算。

◆ 零售市場。

如你未使用ETFs交易而直接交易貨幣時，則須在零售市場進行交易。

◆ 現貨市場的外匯交易其風險絕對大於貨幣ETFs，如要進行此種交易則除股票帳戶之外你另須開外匯帳戶，並存入一定數量的保證金，若你交易的對象是貨幣ETFs而非貨幣本身，則可在股票帳戶內直接進行買賣。

◆ ETF的價位與走勢反映相關貨幣的價值趨勢。

ETFs是非專業或經驗不足人士交易外匯（forex）的最好方式，你不須另開新帳戶或學習太多新程序的技巧，即能藉著這些基金把握住整體市場趨勢。

這些適合你去挑選的基金包括：

• Currency Shares ETFs

它們直接投資在相關貨幣，其目的是反映這些貨幣對美元的價值，它們由著名的共同基金公司－Rydex投資公司管理。較受歡迎的數種貨幣ETFs包括澳洲元（FXA）、英鎊Sterling（FXB）、加拿大元（FXC）、歐元（FXE）、瑞士法郎（FXF）、瑞典克朗（FXS）、及日元（FXY）等。

• WisdomTree Dreyfus基金。它們不是貨幣基金（currency funds），這些ETFs投資在貨幣市場基金（money market funds）。這些ETFs持有該基金名稱（如WisdomTree Dreyfus印度盧比（Rupee）基金）所代表的面額外幣價值。較受歡迎數種外幣ETFs包括巴西里爾（Real）基金（BZF）、新興貨幣基金（CEW）、人民幣基金（CYB）與印度盧比基金（ICN）等。

• ProShares 的槓桿型看漲與看跌基金。如UltraShort歐元基金（EUO）、美元指數看跌基金（UDN）、與美元指數看漲基金（UUP）等也受投資人青睞。

當你買進以上（Currency Shares、WisdomTreeDreyfus及ProShares槓桿型）任何一種ETFs時，你實際是買進一檔以美元計值的外幣之收入型基金。換句話說，這些基金直接以較高的外國利率計算，因此當那些國家升高利率時，它們實際上是提供你賺錢的機會。

2-3 外匯交易與貨幣ETFs的圖形分析

外匯交易就如股票交易，它也可充分利用圖形技術分析來捕捉進出時機，你應熟習長短期時框圖的交叉運用。

　　就如交易所的股票代碼，每一種貨幣都有它自己的國際標準化組織（ISO）代碼，ISO使用三個字母鑒別國家及其貨幣。外匯交易是在兩個配對貨幣之間的交換，例如USD／GBP配對美元與英鎊，在此情況美元是基礎貨幣，英鎊是第二貨幣。若寫成GBP／USD則英鎊是基礎貨幣，美元是第二貨幣。有四種主要貨幣配對，它們通常用於現貨市場的交易：

- EUR／USD＝歐元／美元
- GBP／USD＝英鎊sterling／美元
- USD／JPY＝美元／日元
- USD／CHF＝美元／瑞士法朗

外匯標價告訴你，一種貨幣究竟須多少才能交換另一種貨幣，例如標價GBP／USD＝1.7550，意思是你能以1英鎊交換1.7550美元，此例基礎貨幣是英鎊，它是你想要買或賣的貨幣。當你交易貨幣實際上你是同時做兩件事，即買進一種貨幣及賣掉另一種貨幣。

現貨市場的貨幣交易是基於100,000個基礎貨幣單位，不管你買或賣你都須要存入通常是整個交易價值的1～5％保證金，例如你以1.7550買入100,000 GBP／USD，你的保證金是以美元計，這個例子是你賣出sterling及買入美元。反過來說，如你買入100,000USD／GBP，則表示你賣出美元及買入sterling，這時你的保證金須以sterling計。

外匯交易就如股票交易，圖形技術分析在此也能獲得最大的發揮。進行圖形分析時永遠以長期圖形做為背景圖形，它能讓你不背離大趨勢，在你眼前應隨時準備有不同時框的圖形，以備抓住最適合交易的短期趨勢，以下是交易貨幣的圖形分析基本步驟：

1）關注長期圖形
（圖2-1）提供3.5年澳元ETF長期圖形（週圖），此圖形提

供3處明顯的進入點，①突破矩形形態線，它代表買進良機。②突破擴大三角形，它代表賣空良機。③突破W形態線，它也是買進良機。

2）使用較短時框圖以得到詳細的進入點位置

（圖2-2）是短時框天圖，（圖2-1）的買點①在天圖可看得更清楚，箭頭指示處（①）顯示當價位上升時有較大成交量，且其上升氣勢也可由MACD的箭頭指示處證實。依相同方法，（圖2-1）的②與③等技術進入點也可由天圖得到確切的位置指示（沒有顯示在圖2-2）。

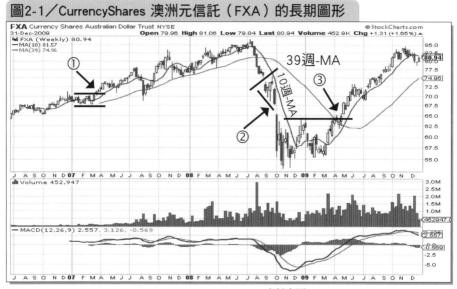

圖2-1／CurrencyShares 澳洲元信託（FXA）的長期圖形

資料來源：Chart Courtesy of StockCharts.com

3）使用短期圖資訊找尋其他交易機會

如果你錯失（圖2-1）①的進入點機會，則根據天圖你仍能
找到其他的買入機會，如（圖2-2）顯示，2007年6月的MACD
箭頭及對應的價位圖箭頭指示處（見②），它代表跳空上升的
點，其氣勢可由MACD線與信號線的交叉及突破20-天MA及
50-天MA加以證實，它也是良好的買進點。

貨幣市場固然有很多風險，但令人安慰之處是：雖然市場
有可能停留在交易範圍許多年，但如它的價位趨勢一旦確立，則

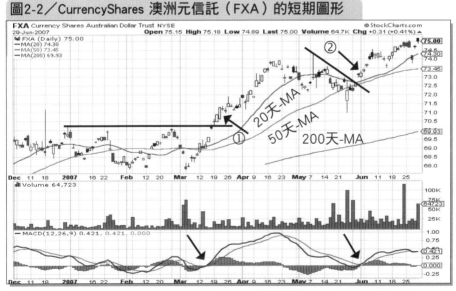

圖2-2／CurrencyShares 澳洲元信託（FXA）的短期圖形

資料來源：Chart Courtesy of StockCharts.com

往往是長期性的，你應堅守此主要趨勢的交易方向。當主要上升趨勢遭突破，其意義是長期趨勢已改變方向，你應嚴肅看待它，意思是若你手頭有持股則應立即退出，但更積極的做法是考慮賣空市場。

（圖2-3）是美元指數的長期圖，箭頭指示處代表長期趨勢的進入點（即賣空點），價位圖的進入點可由MACD的交叉並改變方向得到佐證。美元指數自06年開始迄今形成一個對稱三角形的整理形態，此形態若遭往上突破，它意味著美元將可能形成長期漲勢。

圖2-3／美元指數（USD）長期圖

資料來源：Chart Courtesy of StockCharts.com

2-4 各種主要貨幣的特質

各種貨幣都有其特殊性質，了解其特質將是國際貨幣交易之前提。

　　每種貨幣都有其獨特性質，此種性質反映貨幣地主國的一般特質及市場對該國政治、經濟與互動特質的觀感，例如英鎊與瑞士法朗的交易形態不同於歐元與美元，當你對它們做了較多交易之後，你就能清楚了解每個單獨貨幣的特質。

1）美元

　　2001年9月11日的世貿大樓恐怖攻擊，雖然對美元造成很大的打擊，但迄今全球主要的商品仍然使用美元做交易。美元指數（USD）是衡量美元相對於其他一籃子外幣的價值之指數，它提供衡量美元整體趨勢的最簡單方式，美元指數對6個主要貨幣的加權如下：

- 歐元（EUR）：57.6%
- 日元（JPY）：13.6%
- 英鎊 Sterling（GBP）：11.9%
- 加拿大元（CAD）：9.1%
- 瑞典克朗（SEK）：4.2%
- 瑞士法朗（CHF）：3.6%

　　當美元與其他貨幣相比顯得強勢時USD上漲。美元指數（USD）出現於1973年3月，剛開始之際美元指數的值是100.000，1985年2月它曾高達164.7200，2008年3月16日它曾低至70.698，目前（2013/5/24）它為83.69。

　　美元市場開盤時USD即更新其值，而美元市場開盤時間是從紐約時間星期日黃昏（亞洲時間星期一早晨）開始，每天24小時直到紐約時間星期五黃昏。USD能在洲際交易所（ICE）以期貨合約進行交易，也可以ETFs、期權及共同基金進行交易。

　　2）歐元

　　歐元（EUR）是歐盟（European Union）機構使用的貨幣，它是歐元區（eurozone）的官方貨幣。歐元區包含歐洲聯盟27個會員國中的17國，歐元同時也使用於歐元區之外的5個歐

盟會員國。歐元僅次於美元，它是全球第二大的儲備貨幣，同時它也僅次於美元，為全球第二大交易最熱絡的貨幣。歐元走勢方向緊密追隨歐洲中央銀行政策，特別是其利率。歐洲中央銀行利率的改變主要是依歐洲經濟的通脹水平與決策核心的通脹目標而定，如通脹升到高過中央銀行的通脹成長率，則銀行將提升利率以對抗通脹。

與美聯儲對照，歐洲中央銀行的行事略有不同，後者的重心在於調控通脹，但抗通脹之外它也尋求充分就業，而前者的策略重心則在於降低失業率，因此美元在面對就業率與經濟（或通脹）的抉擇時它顯得脆弱。換句話說，若歐洲經濟減弱但歐元仍可能維持較強勢，直到經濟弱到引起中央銀行調降利率為止。

例如07年與08年上半旬歐洲經濟已開始減緩成長，消費者與企業信心逐步下降，預算短缺逐步加大，失業率也上升中，但歐元仍然維持其漲勢直到利率升高才下跌（圖2-4），這原因是歐洲中央銀行持續向市場釋出信息，其最高優先是提高利率以對抗通脹。

3）英鎊Sterling
英鎊積極移動以對抗美元與歐元，因此你有許多機會去交

易GBP／USD及USD／GBP，如果使用ETFs（如Currency Shares英鎊Sterling信託ETF（FXB））交易，你應集中注意英鎊對美元的匯率。論經濟體質英國較歐洲更為開放，在許多問題英國有意願與美國採取共同觀點，但歷史與地理因素之故，使得它又不願完全與歐洲背道而馳，結果是其貨幣常受美歐兩大陸經濟與政治所影響。

因此英鎊在某些時期（如圖2-5的時框）其強度界於美元與歐元之間。比較英鎊（圖2-5）與美元指數（圖2-6）在07～08

圖2-4／CurrencyShares 歐元信託（FXE）在07～08年的強勁走勢

資料來源：Chart Courtesy of StockCharts.com

年的走勢，可以發現兩者雖有逆向的趨勢，且強弱比率則因時期而不同，如07至08年7月英鎊大致成橫向走勢，而美元指數卻走跌勢，8月之後兩者的走勢則截然相反，以上兩圖的箭頭指示處代表突破趨勢線後的最佳進入點。

4）澳元

澳洲經濟強烈依賴天然資源、黃金、鐵礦與石油，從近年來的走勢看澳元似乎在一大的長方形走動（圖2-7），因此長方形底部或靠近底部就是你的最佳買點。

圖2-5／英鎊Sterling在07～08年的走勢

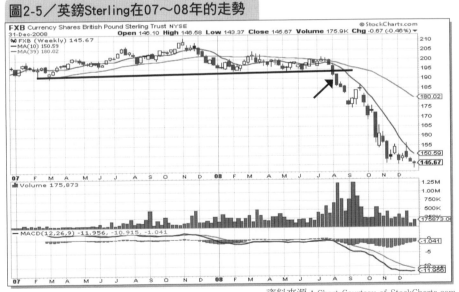

資料來源：Chart Courtesy of StockCharts.com

圖2-6／美元指數在07～08年的走勢

圖2-7／CurrencyShares澳洲元信託的近期走勢

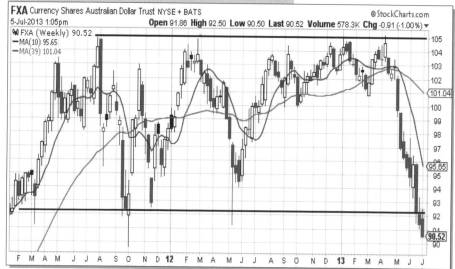

本頁資料來源：Chart Courtesy of StockCharts.com

5）日元

日本迄今尚未從1989年的經濟崩盤復原，日本政府為了外貿因素它一向操控日元，並盡力使日元維持在低價位水平。任何時候當日元走強（相對美元）時政府即強力干預，其做法是在公開市場大舉拋售日元。當安倍晉三於2012年12月26日再度成為日本首相後，日本經濟政策更是以強烈貶值日元來促進出口（圖2-8），除此，政治上他也極力強化美日同盟關係。但日本政府無法無限制採取寬鬆政策，因為從長期看這種做法將阻礙經濟復甦，因此日元的升值只是時間問題。

6）瑞士法朗

就像美元，瑞士法朗也被國際市場考慮為儲備貨幣之一，意思是它比其他貨幣可靠，且在困難時期它也比其他貨幣顯得有價值，因此在全球經濟發生危機時瑞士法朗往往能吸引交易者的眼光，在一些時期（如07年至08年7月），Currency Shares瑞士法朗信託（FXF）的走勢與SPDR黃金信託股份（GLD）相似，這說明該段期間人們將它與做為避難的黃金等同看待。瑞士法朗的強度是基於市場的三個傳統預期：

• 可靠的經濟基本面：瑞士往往有較低的通脹、較平衡的預算、及穩定外貿，而且瑞士法朗最吸引人之處是瑞士的銀行系

統，它擁有許多富有客戶及它能幫客戶保密。

• 黃金儲備：不像其他的貨幣，瑞士法朗仍然是基於黃金儲備，其黃金儲備明顯地超過流通的貨幣量，這是瑞士法朗常與黃金走相同趨勢的原因之一，交易者將瑞士法朗視同等於黃金一般的避險工具。

• 外國對瑞士的政治影響力不大：瑞士在政治上採取中立，這使得該國及其中央銀行能採取較不受干預的政策，其惟一擔心的只是通脹。瑞士中央銀行的目標是利用調整利率以維持通脹成長不超過每年2％，這種做法相似於歐元。

圖2-8／CurrencyShares日元信託的近期走勢

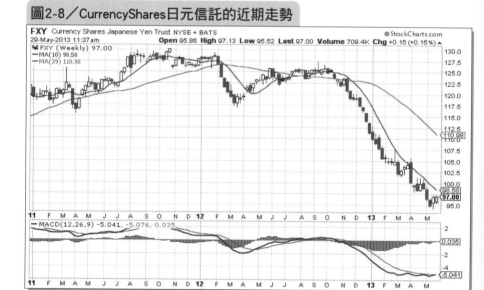

資料來源：Chart Courtesy of StockCharts.com

部門與產業投資

當熊市時期大部份股票皆下跌，但有些領域如金屬、技術、或能源卻可能針對主流趨勢逆勢上漲，這些個別領域或部門（sectors）提供你最佳的賺錢良機。

抓部門時機意味著你只交易市場的單一領域，表面上看這等於是將所有雞蛋放在同一籃子，但且莫擔心，單一部門並非你的投資組合之全部，在籃子內必然還含有其他成份，如中國股票、歐洲股票、或新興市場股票等，因此部門投資能多樣化你的投資組合，並進而降低整體投資風險。

部門投資的範圍也許大了些，你不妨縮小範圍，將部門再分割成細分部門（subsector）或產業（industry），然後只挑選這些小領域進行交易。為了抓部門時機你須投下最大關注並主動參與市場活動，如果偶然想到時才去看市場，則你不可能抓住市場時機。部門投資的關鍵原則如下：

◆ 技術分析
掌握技術分析技術，主要是分析趨勢、氣勢與潛在的反轉點。
◆ 規律性
你的部門分析應具有規律性，例如每週或每隔數日分析一

次，而非一曝十寒，等到偶然想到時才去分析。

◆ 準備工作

儘可能去了解個別部門或部門內一些公司的動向，這讓你較容易立下交易決定，例如須交易整個部門或挑選個別公司。部門投資是使用自上而下的方法，首先是分析整體市場，然後觀察個別部門，做法是首先看道瓊斯工業平均、S&P500指數、Nasdaq綜合指數及Nasdaq-100指數的整體表現和趨勢，這樣做可得到市場整體趨勢的綜合印象：

• 道瓊斯工業平均：它包含市場上最大的30種籃籌股，其漲跌具有市場指標意義。

• S&P500指數：S&P500指數的表現可做為道瓊斯工業平均走勢的證實。

• Nasdaq綜合指數：它代表高度加權技術型股票的技術部門，在某種程度上它也代表市場的小型公司部門（特別是那些較小的銀行股）。

• Nasdaq-100指數：它代表Nasdaq綜合指數內最大的100種非金融部門股票。

3-1 部門投資的基本步驟

部門投資有其先後步驟，順著這些步驟進行是你成功投資的基礎。

部門投資的具體做法如下：

◆ 每天分析市場

有時可能無法做到每天，但至少須每週分析市場一次。所謂分析市場就是分析整體市場與個別部門，整體市場分析主要是分析前文提到的4種市場主要指數。個別部門分析則是分析你經常關注的一些部門指數，它們最好能包括能源、技術、金融、製藥、生物技術、與金屬等部門，等你熟悉這些部門的分析之後，可再加上一些其他部門或細分部門。

◆ 對於每一種你企圖追蹤的個別部門指數，記錄其主要支撐與阻力水平。

◆ 預先決定你的進場點及退場點，當市場繼續上漲時調整買

單的sell stops，若賣空市場則調整buy stops。

◆ 擬好一串準備買進或賣空的ETFs或股票名單。

　針對每一種觀察中的指數找出至少一檔追蹤其表現的ETF，找尋指數及ETFs可利用NYSE Euronext網址：

1）**指數**

★ http://usequities.nyx.com。

★★（home）／Indices／INDEX TYPES

　循以上程序可獲知各種市場與部門指數及細分部門指數代碼，若欲看指數圖形，則可將Reuters Code（或Mnemo Code）輸進StockCharts.com的Symbol欄。

2）ETFs

http://usequities.nyx.com。（home）／ETPs／Products／ETFs-U.S. Product Directory／Industry

　在Industry、Supersector、Sector及Subsector欄內挑選適當類別，再點擊GO，即會出現該類別所包含的ETFs。除了NYSE Euronext外，Nasdaq網址：

★ http://www.nasdaq.com

★★（home）／Investing Insight／ETFs／View ETFs（all）→Sector-Based ETFs

　也提供部門ETF名錄。與NYSE數據庫不同的是，Nasdaq網址無法提供每一單項部門或產業之下包含的所有ETFs。

3-2 部門投資的基本步驟

養成看指數圖並從中比較不同部門的差異表現之日常習慣，是
你能不斷投資獲利及減少損失的關鍵。

　　每天開盤前最好能養成聽或看消息的習慣，特別是CNBC
與Market Watch，它們提供全球股市（含ETF）非常及時的消
息（相關的市場資訊源。見附錄），除此一旦建立了一串擬觀察
的部門指數名單之後，下一步就是系統性地分析它們及找尋部門
交易時機，當核對部門指數名錄時儘量養成以下的觀察習慣：

　　◆ 常觀看部門指數圖，並決定每一部門的主要趨勢
　　當趨勢向上時你做買，當趨勢向下時你做賣或賣空，此
處所謂賣空並非要你真正賣空部門，而是買進賣空型的部門
ETFs。
　　◆ 判斷趨勢是否處在早期階段或已在晚期階段

這當然並非易事，但你應固守的做法是一旦發現趨勢遭有效突破，即應立即做出退出市場的決定。如（圖3-1），石油指數上漲勢頭從2003年開始迄今仍然持續中，而且趨勢更猛。趨勢雖然已持續10年但沒有人能肯定它已到達晚期階段。除非趨勢遭突破，否則你應認為長期多頭仍然持續中。

◆ 不同部門的表現其差異性如何？

當石油處於10年多頭時其他部門的表現如何？半導體指數自從2000年從歷史高點摔下來之後，迄今仍然脫離不了整理形態，因此比較石油與半導體這兩部門的長期展望，前者的漲勢較可預期。

圖3-1／美國石油指數（XOI）的長期走勢

◆對於價值低估部門你能從中決定什麼?

半導體部門自從2002年以來長期處於衡盤狀態(圖3-2),它究竟能否突破該形態及再度恢復1999年的漲勢,這須觀察短期圖始能較清楚。

(圖3-3)顯示自從突破3月至5月的阻力線後,半導體價位即往上漲,其氣勢雖無成交量資料佐證,但MACD及兩移動均線(MAs)的交叉及往上(見箭頭指示)均能說明其上漲氣勢。目前(5月末)是它剛從回檔後的再上升,須注意的是這股氣勢是否能讓它突破指數價位500的水平(見圖3-2)?果能如此,則可預示它往後的長期漲勢,因此針對價值低估部門你須多做點功課。

◆一旦市場或部門的走勢清楚之後,即可開始挑選合適的ETFs或股票(見後文說明)。

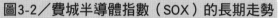

圖3-2／費城半導體指數（SOX）的長期走勢

圖3-3／費城半導體指數（SOX）的近期走勢

本頁資料來源：Chart Courtesy of StockCharts.com

3-3 分析指數成份股

分析指數成份股的相對強度，可提供你另一個良好的買進機會。

　　除利用ETFs來從部門時機獲利之外，你也可從個別股票時機獲利，做法是比對指數內個股的相對強度，找尋其中一或二種較強的股票做交易。指數成份股的名單可自以下網址得知：http://finance.yahoo.com

　　將指數代碼（如SOX）鍵入Get Quotes旁之空白欄（所有鍵入以上網址的指數代碼其前須加上「^」），然後再點擊左側的Components即可，例如費城半導體指數共包含30種成份股票，其中應用材料（AMAT）、高微（AMD）、英特爾（INTC）及博通（Broadcom，代碼BRCM）等著名公司的股票皆是其成份股。

由於半導體的指數成份股不算多，故你可逐次核對30種股票的圖形，透過此種方式你可找出其中表現比較好或符合技術形態突破的股票。

據此得知，應用材料（AMAT）剛往上突破一個月的盤整期，它是值得注意的對象（圖3-4），而高微（AMD）早已突破五個月的盤整期，目前尚處於回檔狀態（圖3-5），它也值得注意。

若檢視所有的30種股票圖形，可發現它們（天圖）大都突破長達數個月的盤整形態，且大部份均處於漲勢的健康情況，即天圖的移動均線其排列順序從上至下為20天、50天、及200天，故從中長期看半導體類股可被認為是蓄勢待發的部門。

圖3-4／剛突破盤整形態的應用材料（AMAT）雖無顯著成交量，但它 仍然是半導體類股中值得注意的對象

圖3-5／高微（AMD）目前尚處於回檔狀態，也值得注意

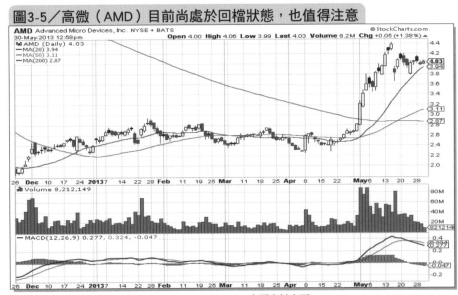

本頁資料來源：Chart Courtesy of StockCharts.com

3-4 找尋部門ETFs

快速搜尋部門指數及指數包含的ETFs，你可將節省的大量時間用於有潛力對象的技術分析。

根據部門指數找尋適合交易的ETFs可參考以下兩個網址：

1）道瓊斯部門指數：http：//www.djindexes.com。
（home）／Overview

它提供以下三類指數的歷史圖形價位：

① 廣基市場指數（Broad-Market Indices）

② 籃籌股指數（Blue-Chip Indices）

③ 專業指數（Speciality Indices）

在首頁右側上方及「Dow Jones Sector Indices」下方，分別點擊以上三類總指數名稱即可看到它們包含的各種指數當天

動態，點擊指數全名可看到該指數的各種時框（當天至10年）之歷史價位圖形。各種專業指數的搜尋程序可依以下步驟：（home）／Index-Linked Products

選擇以下各種類別指數，包括：
- 股票指數（Equities Indices）
- 戰略與主題指數（Strategy & Thematic Indices）
- 固定收益指數（Fixed Income Indices）
- 另類資產類別的指數（Alternative Asset Class Indices）
- 總組合指數（Total Portfolio Indices）

股票指數包含道瓊斯平均、道瓊斯全球指數、道瓊斯泰坦（Titans）指數及道瓊斯總體股票指數等。點擊各類指數名稱可得到它所包含的各種部門指數，如道瓊斯全球指數包含美國銀行股指數、美國基本原材料指數及美國金融服務指數等。

點擊各部門指數名稱，可得知與該部門指數相關的各種ETFs及／或共同基金。2）NYSE Euronext：http：//www.nyse.com。（home）／Industry 在Industry、Supersector、Sector與Subsector欄下分別選擇適當的項目後，再點擊GO即可。

金融與房地產部門

4-1 金融服務部門

包括銀行、證券商、保險與房貸公司在內的金融服務部門，其影響並不限於部門內股票，它同時也及於部門外其他許多公司股票，這點是它與其他部門不同之處，因此你應特別留意此部門的動向。

金融服務部門包括銀行、證券商、保險公司及房貸公司等，它涵蓋利率敏感的行業。除以上各種性質的公司外，許多大企業集團其業務中可能有極大部份是在金融服務，如通用汽車（GM）與通用電器（GE）等皆是。

通用汽車擁有GMAC金融服務公司（目前已申請破產），GMAC提供汽車、房屋與商業金融貸款及保險，通用電器則擁有GE金融服務公司，該公司對消費者提供各種貸款。由於類似GM與GE等大企業集團，其業務經營範圍涵蓋各種經濟層面，

故它們對其他許多公司股票的潛在影響實已超越傳統金融服務的範圍。

因此若一個或多個這類型公司受到打擊，整個股市也會受到影響，不僅如此它們也可能造成超越股市影響的後果，特別是若這些公司為主要指數（如道瓊斯工業平均、S&P500與Nasdaq綜合指數）的成份股時更是如此。

4-1.1 銀行部門

從銀行部門入手是觀察金融服務行業的最佳起步，銀行部門有兩個組成部份，它們是貨幣中心銀行與地區性銀行。

前者從事許多國際業務，且也提供非傳統銀行部門的服務，如賣共同基金與提供投資建議、及賣保險等，費城KBW銀行指數（BKX）是這一類股的基準，它有24種代表全國金融中心銀行與大型地區性銀行的成份股，其中包括道瓊斯工業平均的兩種成份股，即美國銀行（BAC）及摩根大通銀行（JPM），費城KBW地區性銀行指數（KRX）是美國地區性銀行的前導指數，這個指數包含由較小型銀行組成的50種成份股，很多社區小銀行均屬於該部門。

（圖4-1）及（圖4-2）是美國銀行部門當次貸危機發生時的走勢圖，BKX與KRX兩指數有大致相同的下跌走勢，但技術指標則顯示不同的發生時機。KRX在07年4月其10-週均線往下貫穿39–週均線（見圖4-2左上角箭頭指示），這意味著趨勢的朝下走勢，但BKX的同樣指標其顯示的熊市信號卻發生在7月初（見圖4-1左上角箭頭），它間接證實KRX的下跌走勢。

　　7月之後銀行業不斷釋出各種壞消息，包括壞帳、及銀行拍賣屋的大批出現等，在不到12個月時間銀行系統損失超過50%以上的市值。08年上旬銀行業下跌走勢的加劇可由MACD的向下貫穿信號線證實（見以上兩圖的MACD圖箭頭指示處）。

　　以上兩指數圖當向下走勢的信號（MAs與MACD）出現時，你可開始檢視指數內的成份股票及ETFs，尋找賣空它們的機會，或是買進賣空型ETFs。

　　例如（圖4-3）它顯示相同時期ProShares UltraShort金融ETF（SKF）的走勢，SKF也包含其他金融部門股票，它並未100%賣空銀行系統，故其賣空時機與KRX及BKX所顯示者未必完全相符（見圖4-3）MACD圖箭頭所示的日期）。

圖4-1／費城KBW銀行指數（BKX）在07年下旬開始進入熊市

圖4-2／費城KBW地區性銀行指數（KRX）的熊市走勢由 MACD指標及趨勢證實

本頁資料來源：Chart Courtesy of StockCharts.com

但無論如何當銀行部門走跌時你就宜留意SKF的買進機會。另外一種波動較小的看跌ETF是ProShares賣空型金融ETF（SEF），它於2008年6月問世，它提供你風險較小但利潤也較小的交易機會。當銀行部門走上時KBW銀行指數ETF（KBE）及KBW地區性銀行指數ETF（KRE）提供你獲利的機會。

圖4-3／ProShares UltraShort金融ETF（SKF）在次貸危機時期的走勢

資料來源：Chart Courtesy of StockCharts.com

4-1.2 證券商部門

證券商部門包含三個不同的細分部門，它們是投資銀行、零售經紀商及交易商，每一個細分部門皆有其獨特的扮演角色。投資銀行是專精於交易的經紀公司，它安排買斷、合併或私人公司上市，此行業中的頂尖者如高盛（Goldman Sachs）它的主要業務與投資銀行及客戶資金管理有關。

其餘如美林（Merrill Lynch）則從事零售投資、資金管理、共同基金及投資銀行業務。所有的大投資銀行皆從事對沖基金（hedge funds）交易、為富有客戶管理資金、及為銀行本身的帳戶做交易。2003-2008年期間的牛市受私募股權投資基金與槓桿型收購交易所驅動，高盛的長處是投資銀行業務，它充分發揮了其專長為許多大公司進行募股及收購交易，就是這個緣故在以上期間它成了投資銀行業的風向球（或領頭羊）。

高盛在以上5年牛市期間除了過去的股票與債券之通常業務外，它更涉足多種部門的巨大投資組合，例如除了經營一檔非常成功的對沖基金（此基金在2007年次貸危機發生時曾賣空貸款市場），它也跨足房地產以及進入關鍵資產領域（如沿著紐約港口的儲油物業）。

（圖4-4）與（圖4-5）分別是經紀／交易商指數（XBD）與高盛（GS）股票當2008年初次貸危機發生時的走勢變化，值得注意的是兩者在次貸危機爆發前的2007年中旬即已開始走跌勢，其發生足足領先次貸危機半年之久，且它們皆直接從牛市變成熊市，其間並沒有中間階段（例如頭肩頂或其他形態）的產生，這意味著次貸危機的發生來得快且凶，因此市場並沒有足夠的時間形成過渡形態，這種情況下由於缺乏緩衝階段故對投資人當然是極端不利的。

　　雖然如此，但右邊兩圖在進入熊市前各自形成分歧，它對投資人釋出市場可能下跌的強烈警訊，做為龍頭股的高盛領先指數一步於6月突破趨勢線（指數於7月突破趨勢線）。

　　高盛在7-8月間其股票猛烈下跌後又迅速回升並超過下跌前的高點，但指數並沒有此種強力反彈的現象。

　　除此，高盛的下跌走勢在07年的最後一季雖尚未明朗，但MACD的交叉信號卻釋出下跌的警訊（見圖4-5）MACD箭頭指示處）。與此不同的是指數在該階段出現明顯的下跌走勢（圖4-4），因此關注高盛動向的投資人在其股票進一步下跌前應不難做出退場或賣空市場決定。

圖4-4／經紀／交易商指數（XBD）在次貸危機發生時從牛市直接進入熊市

圖4-5／高盛（GS）股票隨著次貸危機的發生而進入熊市

本頁資料來源：Chart Courtesy of StockCharts.com

XBD常被稱為券商指數，它包含13種成份股，著名的券商如TD Ameritrade（AMTD）、E* TRADE（ETFC）、高盛（GS）、摩根·史坦利（MS）與嘉信理財（The Charles Schwab Corp，代碼SCHW）等皆包含於其中。

券商股票通常在牛市階段表現良好，當市場反彈時若沒有券商股參與，則往往其反彈氣勢不會強勁。券商股上揚意味著投資人對股市的信心，而這股信心引領著股市的繼續上揚。若券商股沒有釋出正面行動，這意味著投資人對股市缺乏信心。

以下要點說明如何抓券商股時機：

◆ 找尋部門中的領頭羊。

所謂領頭羊（bellwether）指的是部門的龍頭，它通常有最好的盈利及也最引人注目，不同的景氣週期有不同的部門領頭羊，投資銀行的領頭羊是高盛，觀察高盛走勢讓你能對整個券商部門與整體股市動向掌握好的線索。

◆ 找尋新牛市早期階段能做為市場領導股的券商股。

若美聯儲的低利率能維持一段較長時間，由於市場交易者增多券商公司就會開始賺錢，且只要券商賺錢就會使更多人投入股市。

◆ 利用iShares道瓊斯經紀交易商指數基金（IAI）來交易整個券商部門。IAI的前3名持股是高盛（GS）、摩根‧史坦利（MS）與NYSE Euronext（NYX），它因緊密追蹤XBD指數，故是追蹤券商部門趨勢的最佳媒介。

4-1.3 台灣金融與保險部門

台灣金融與保險部門的績效表現主要展現在以下二或三種指數，它們是TAIEX金融與保險類股指數、MSCI台灣金融指數、或再加上台灣高股息指數。每種指數皆有其對應的追蹤基金，各種基金略說明如下：

1）富邦台灣金融ETF（台證所代碼：0059）https://www.fubon.com

富邦台灣金融ETF是富邦投信於2008年2月14日所成立，基金規模258.09百萬台幣（截至2013/07/31），月均成交量:15,050股，折溢價（%）0.07（月均:－0.35）。它追蹤台灣證券交易所編製的「金融保險類股指數」，該指數以上市滿一個月的金融保險類股票為其成分股之篩選條件，指數涵蓋金控、銀行、證券、保險、票券等五大次產業。指數採市值加權法計算，基期設在1986年12月29日，基點：100點。0059基金自金融海

嘯以來其價位始終在22元至32元間走動（圖4-6），由於成交量稀薄，故價位圖上出現有許多跳躍式的價位點（圖4-7），這種情況並不利於短期交易者的進出市場。

2）元大寶來台灣金融基金（台證所代碼：0055）www.yuantafunds.com

元大／P股MSCI台灣金融ETF是由元大寶來投信於2007年7月4日成立，它完全複製與追踪MSCI台灣金融指數的表現。MSCI台灣金融指數是由摩根史坦利資本國際公司（MSCI）編制並成立於1998年12月31日，指數成分股是以在台證所上市的金融產業依照個股的流通市值排列後，再將市值加權處理，然後以挑選市值排列在前85%的個股為主。

從週圖看（圖4-8），中長線交易者的退場或賣空時機見①，它是當上升趨勢線遭有效突破之際，突破時有大成交量，這更顯示未來下跌的氣勢。②代表下跌趨勢線的突破，雖然它也具有大成交量，但因突破點位在40–週均線（相當於200-天均線）之下且距離它太近，故並非適宜的買進點。

（圖4-9）顯示趨勢線的強度變化，由於扇形趨勢線向下移動，故0055基金的趨勢強度有逐漸弱化的傾向（最下方一條趨

圖4-6／富邦台灣金融基金（0059）的長期表現

圖4-7／富邦台灣金融基金（0059）的稀薄成交量

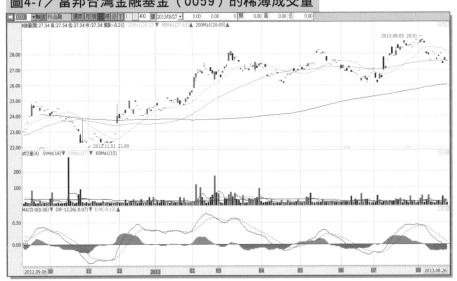

本頁資料來源：永豐金e-Leader

勢線因只觸及兩點，其趨勢地位尚未明確，故以虛線表示）。

3）元大寶來台灣高股息ETF（簡稱高股息基金，台證所代碼：0056）www.yuantafunds.com

元大寶來台灣高股息ETF是元大寶投信來於2007年12月26日成立的指數股票型基金（ETF），基金規模2,986.40百萬台幣（截至2013/07/31），它追踪台灣證券交易所台灣高股息指數的績效表現。台灣高股息指數則是選取未來一年預期現金股利殖利率較高的股票作為成分股，它著重穩定配息的長期報酬。

台灣高股息指數和台灣發達指數這兩個指數，是繼台灣50指數、台灣中型100指數和台灣信息科技指數三支指數之後，台證所和富時指數聯手編制的新指數，編制的方法是從現有台灣50指數的50支成分股，以及台灣中型100指數的100支成分股中，篩選出符合成分股資格標準的股票，其成分股包含臺灣上市股票市值前一百五十大的其中三十支個股。

台證所指出，台灣高股息指數是考量目前高股息投資已經成為市場趨勢，投資人從以往賺取股價上漲的資本利得，逐漸改變為由目前穩定的配息來獲得報酬，台灣高股息指數可以作為追求長期穩定報酬的投資工具。

圖4-8／元大寶來台灣金融基金（0055）的中長線退場與賣空時機

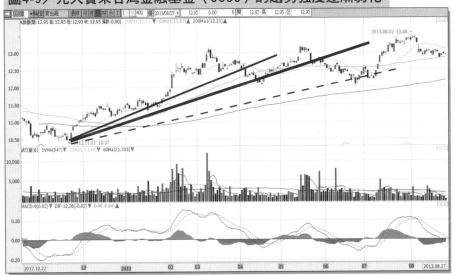

圖4-9／元大寶來台灣金融基金（0055）的趨勢強度逐漸弱化

本頁資料來源：永豐金e-Leader

指數的基金持股比重如下：電腦及週邊設備20.69％、通訊及互聯網16.96％、電子半導體12.9％、及其他10.66％（截至2013年6月30日）。

從（圖4-10）來看，雖然金融海嘯之後0056基金與其他台灣基金沒有兩樣，其價位並無顯著增幅，但因其配息較其他基金為高，故對一般薪水階層的中產投資人，高股息基金應是其重要投資選項。

從天圖（圖4-11）來看，短期交易者仍然可從其中找到可獲利的進出點，如①代表上升趨勢線遭突破且有MACD與信號線的交叉證實之退場點，它雖位在200–天均線之上，但你仍應退出持股，只是不做賣空。②代表突破下跌趨勢線後又進一步突破200–天均線的買進點。③代表夾大成交量突破下跌趨勢線後又突破200–天均線的買進點，此時MACD與信號線的交叉進一步證實突破的氣勢。

圖4-10／元大寶來台灣高股息ETF（0056）的長期表現

圖4-11／元大寶來台灣高股息ETF（0056）的短期進出市場時機

本頁資料來源：永豐金e-Leader

4-2 房地產部門
（4-2.1 房地產指數與ETFs）

透過對房價指數的觀察，你可適時掌握房地產股票與REITs的投資時機。

　　當你買一棟房子後你的抵押貸款銀行可能將你的貸款轉賣給其他家更大型銀行，然後再由該銀行將它打包成由抵押貸款支持的證券（主要是債券），並將該證券推出到市場待售。債券的利息由你及許多其他人的每月房貸付款利息支付。

　　房地產部門的代表指數之一是房屋價格指數（HGX），它包含19檔成份股，主要的房屋建築商如KB Home（KBH）與Owens Corning（OC）等皆屬於該指數。

　　另一種房地產指數是S&P凱斯–席勒（Case-Shiller）房價指數（HPI），它等於是房地產市場的道瓊斯指數，它也是一個

最受歡迎的市場晴雨計。凱斯・席勒指數並非僅只是一個指數，而是從全國到地方的一系列指數（即包括全國房價指數、20個都會區綜合指數、及10個都會區綜合指數），其中全國房價指數是由全國九大都會區的獨棟住宅二次成交價格統計得到，所謂二次成交價是房屋至少須要有兩次換手記錄，因此新屋價格不包括在內，共有公寓也不包括在內。

這些指數反映實際房屋價格，這意味著它們已經過通脹修正。凱斯・席勒指數的市場數據每月計算一次，而於兩個月後的最後一個星期四的上午九點發佈。

（圖4-12）是自2000年以來美國全國房價指數（HPI）的變動，今年（2013）的指數價正好位於中位數，因此隨著經濟的復甦未來房價尚有頗大的增長空間。凱斯・席勒指數與HGX指數不同，它並未包含任何成份股，因此它僅供投資人（即購屋人）做為屋價變動的參考。房地產業在2012年初當HGX往上突破下跌趨勢線及10週-MA往上突破39週-MA（這兩者幾乎同時發生）之後開始恢復榮景，迄今（2013年5月末）榮景仍然持續中（圖4-13）。

房地產業的股票往往有相同走勢，這原因是它們都受到相

同的因素影響之故，這些因素包括利率、一般經濟趨勢及部門供需態勢等，因此在指數進入牛市之際，你可開始尋找合適的股票或ETFs做交易。例如從KB Home的週圖，當10週-MA往上突破39週-MA（見箭頭①）及隨後的長期趨勢線也遭突破後（見箭頭②），你可買進並長期持有其股票（圖4-14）。另一種緊密追蹤房地產部門整體趨勢的證券住房建築商ETF是XHB，它與房地產指數有非常一致的走勢。

圖4-12／2000年以來凱斯・席勒（Case-Shiller）房價指數（HPI）的變動

資料來源：Chart Courtesy of StockChart.com

圖4-13／費城房價指數（HGX）在2012年初突破長期阻力線

圖4-14／KB Home（KBH）直到2012年9月始恢復漲勢

本頁資料來源：Chart Courtesy of StockChart.com

4-2.2 房地產投資信託（REITs）

在房地產業進入牛市之際除了可從股票與ETFs獲利外，你也可交易房地產投資信託（REITs），它的優點是定期（每月或每季）提供高股息給投資人。

REITs通常基於有限合夥關係（LPs），LP有淨資產值（NAV）或每一股價值，若年度股息7％則意味著每一股將付股息$7。以下是有關REITs的一些事實：

◆ 當利率走跌或相對較低時，REITs往往表現較好，這原因是REITs配息率通常比公債、貨幣市場（money market）、或銀行帳戶為高。

◆ REITs因其淨資產值可漲跌，故它是高風險的投資。

◆ 具有多樣化投資組合的REITs在低利率時期是最好的投資對象，因此投資在REITs的共同基金與ETFs是你最佳的首選。

◆ REITs是對經濟變動非常敏感的投資產品，因此當利率改變時REITs有非常敏感的反應。REIT指數有數種，其中道瓊斯美國房地產投資信託指數（DJUSRI，見圖4-15）及道瓊斯美國選擇性REIT指數（DWRTF），這兩者皆追蹤房地產部門的一般趨勢。REIT部門就像金融服務部門，其大部份成份股往往彼

此同步,即它們往往朝相同方向移動。由於REIT部門中的股票
彼此串聯移動,故投資REIT的較佳方式是擁有其整個部門,具
體做法是透過以下的共同基金或ETFs來追蹤部門的一般走勢:

◆ The Ultra Real Estate ProShares（URE）

它是200%槓桿型ETF,追蹤道瓊斯美國選擇性REIT指數
（DWRTF）。

圖4-15／道瓊斯美國房地產投資信託指數（DJUSRI）的長期走勢

資料來源：Chart Courtesy of StockChart.com

◆ The UltraShort Real Estate ProShares（SRS）。

這是（－2x）槓桿型看跌ETF，它追蹤DWRTF每日的表現。

◆ 富達房地產投資信託指數基金（FRESX）。

這是共同基金，其漲跌直接與REIT部門的一般走勢有關。

ETF小叮嚀

隨著經濟的復甦，美國房地產信託投資（REITs）指數已逐漸從谷底回升，目前應是考慮投資REITs的良機。

技術部門

5-1 技術部門投資概述

作為技術部門重要支柱的半導體裝備部門其出貨比率是衡量該部門景氣變動的最重要指標，交易者最好能建立一定時期的出貨比率趨勢圖，並利用技術分析來決定進出點時機。

以下是技術部門的一些重要描述：

◆技術部門是一個大部門的通稱，它包含許多細分部門，如軟件、硬件、零組件、及與互聯網與電信領域相關的股票。

◆每一個技術細分部門有其本身的供需問題。

推動PC的因素並不見得能推動手持裝備或個別的半導體晶片（chip）。換句話說，PC不再是市場的主要推動力，而手機（如iPhone）反而成了推動市場的主要動力。

◆細分部門能彼此串聯或個別移動。

例如推動電信部門的因素對軟件部門未必有影響力，但它卻能影響互聯網部門，原因是互聯網高度倚賴電話線。

◆技術部門投資有高度波動性。

特別是軟件部門，同業間競爭性強及利潤率低，故波動性較大。技術部門的投資雖然風險較大，但因其趨勢通常可持續一段非常長時間，故投資人較易抓住其大方向，且有較大獲利空間。

在你決定對技術部門投資之前宜先了解其供需關係，大部分的技術部門（特別是半導體裝備部門）與個別公司都保有一份出貨比率（book-to-bill ratio）的統計記錄，這份記錄衡量技術部門的供需狀態，投資人據此可了解該部門在任何時間的景氣循環概況。

通常出貨比率高於1.0是表示牛市，例如出貨比率1.10代表每$100的出貨產品就會收到$110的訂單，這意思是你接到比已存檔的部份更多的訂單。半導體裝備與材料研究所（SEMI）每個月均公佈一份出貨比率，它代表總部在北美地區的半導體裝備公司之三個月平均訂單與出貨數字，這是一項全球半導體產業的可靠趨勢指標。

若出貨比率等於1.0，這是平衡狀態，若比率小於1.0，這表示業務走緩及產品需求下跌。半導體（即晶片業）是技術部門

的重要產業，其出貨比率可自SEMI的網址找到：http://www.semi.org。（home）／Market Info → Book-to-Bill

以上網頁並告訴你今年（2013）出貨比率發佈的預定日期。使用SEMI網站時首先在網頁的右上角「Select Region」欄選擇北美地區，Semi.org的新聞發佈通常能提供你半導體業的許多及時資訊，例如2013年4月它發佈北美半導體裝備業的出貨比率是1.08，這對該行業自然是個好消息。

半導體部門的股票移動通常反映出貨比率的大小，例如2008年5月20日Semi發佈0.81的出貨比率，這代表該行業的景氣走緩，費城半導體指數（SOX）在新聞發佈的前一天即開始拋售，5月20日當天指數價格更是大跌。

交易者最好能建立一定時期的出貨比率趨勢圖，這讓你能更清楚地預測晶片業的前景。出貨比率是了解半導體業的最佳背景數據，但實際的交易進出點之決定則須依賴技術分析，例如（圖3-3）的箭頭指示處及隨後的阻力線突破。

5-2 半導體部門

從半導體部門獲利的方法除利用半導體ETF外,也可交易個別股票,但因後者風險較高,買賣成交後須立即安排止損單。

晶片就是嵌入有許多電路的矽片,它是電腦與手機等的大腦與神經終端,它也用在國防系統、交通號誌燈、路由器(routers)、對據機(modems)、及電子元件的所有領域。半導體部門包含數個細分部門,它們是:

◆設備製造商

這些公司專門製造能做成晶片的機器,這個細分部門的風向球是應用材料(AMAT),其他值得注意的公司包括KLA-Tencor(KLAC)與Teradyne(TER),它們皆是費城半導體指數(SOX)的成份股,且都在Nasdaq交易。若半導體產業開始走跌,這些公司往往是第一個釋出盈餘警訊與潛在景氣問題的先鋒。

◆ 微處理器製造商

英特爾（INTC）與高微（AMD）是這個細分部門中最著名的公司，而德州儀器（TXN）則因涉及手機與其他數位（digital）及模擬（analog）領域，故在此細分部門中也佔有大比重。

◆ 邏輯晶片製造商

邏輯晶片（Logic chips）可以被編成指南以從事一件或多件不同的任務，這些相關的公司是Xilinx（XLNX）、Altera（ALTR）及Linear Tech（LLTC）等，它們也都是SOX的成份股。半導體部門的大部份公司通常朝相同方向移動，即它們通常同步上升或下跌，而同一細分部門的公司往往更是一齊上升或下跌，因而透過ETFs交易整個細分部門可能是較合適的做法。

Market Vectors半導體（SMH）緊密追蹤SOX指數（圖5-1），其升跌步調與SOX頗為一致，4月23日當SMH以高成交量突破阻力線後釋出其往後漲勢的第一個強烈信號（見箭頭①）。其實早在22日MACD已提早一步釋出正面信號（見箭頭②），而隨後數日20-天MA往上貫穿50天-MA（見箭頭③）則進一步證實SMH漲勢。

從半導體部門獲利的第二個方法自然是擁有個別股票，即

挑選SOX指數內較有增長潛力的股票進行交易，該指數計有30
種成份股，如要用此種方法交易你須得逐一檢視30種股票的技
術圖形，這雖然多費點時間但獲利將大於交易ETF，風險自然也
較大。不管是交易ETF或個別股票，面對波動性較強的技術部門
你都應在買進後立即在買價之下4％處（或在支撐線之下25￠-
45￠處）安排sell stop，以後隨著趨勢往上移動你須逐步往上調
整sell stop價位，以保障已獲得的利潤。

圖5-1／Market Vectors半導體ETF（SMH）緊密追蹤SOX指數

資料來源：Chart Courtesy of StockChart.com

5-3 電腦硬件部門

交易電腦硬件部門主要透過部門內的股票，因此你應隨時注意電腦硬件指數(HWI)的動向。

硬件是一個高度商品化的工業部門，它包含的公司股票走勢主要受到電腦與相關設備的整體需求所推動，這個部門的大部份訂單來自更換週期。當一部電腦已過時人們始會考慮更換成另一部新電腦，從舊電腦到電腦更換的時間就就是所謂更換週期。

更重要的是部門的關鍵領域–PC與伺服器（server）公司（如Sun Microsystem、HP及傳言將下市的Dell），面臨來自亞洲公司的強烈競爭，後者往往藉著削價以搶佔市場股份，這個領域只有少數公司能免於以上情況，如蘋果與IBM，它們涉及硬件的業務不若前三家公司。IBM主要從服務合同及與軟件相關的業務賺錢，蘋果的盈利並非來自其麥金塔（Macintosh）序

圖5-2／電腦硬件指數（HWI）的近期走勢

圖5-3／S&P北美技術軟件指數（GSO）的近期走勢

本頁資料來源：Chart Courtesy of StockChart.com

列電腦，而是來自MP3播放器及手機。但現在它在手機業務也面臨韓國三星及其他公司的強烈競爭。硬件股票落後於半導體股票的態勢可從比較半導體指數，SOX（見圖3-3）與電腦硬件指數，HWI（見圖5-2）而得知。

SOX在今年5月初再度形成漲勢，其漲幅迄今（5月末）為5.6％，HWI直到5月中旬才開始上帳，其漲幅迄5月末僅3.1％。HWI並沒有一檔能真正追蹤它的ETF，因此若想交易硬件部門，須從部門內的個別股票（如Western Digital、蘋果與IBM等）著手。

ETF小叮嚀

半導體行業自從去年5月開始飆升，其漲勢迄今未停，已擁有該類投資的中長線投資人當然宜繼續持有，即使你尚未持有它，現在買進也不算遲。

5-4 電腦軟件部門

軟件部門內的公司競爭極為激烈，波動性也極大，因此你宜從電腦軟件指數（GSO）的動向中找尋合適的基金做交易，以降低風險。

　　如果沒有微軟、甲骨文（Oracle）與Adobe等這一類的軟件公司，我們目前的生活方式可能就如七十年代，軟件部門在某些程度上類似於商品部門，軟件公司的盈利是靠銷售軟件、收集定閱費與來自客戶的維修費，其軟件收入來源通常隨著業務條件與經濟而變，且公司與公司間，存在著非常激烈的競爭，任一間公司均很難單獨提升其產品價格，因此在軟件業賺大錢的公司無不佔有市場的大額比率。

　　所有以上因素的加乘結果造成軟件部門的公司股票具有大波動性，且各季度股票的上下變動依所有以上這些因素的相互作用而定。（圖5-3）是軟件指數（GSO）的近期走勢，GSO在

Yahoo！Finance的代碼為SPGSTISO，它有39種成份股，其包含的公司產品領域包括賭博、網路安全、操作系統和數據庫、與生產力管理軟件等。

（圖5-3）顯示GSO有三個主要進入點（①與②是買進點，③是賣出點但非賣空點），其判斷依據是趨勢線突破與MACD的貫穿證實，交易此部門的方法除了從股票入手外，另一種較簡單的方法是利用iShares GSTI軟件指數基金（IGV），這檔ETF密切追蹤GSO，其圖形與指數圖形非常相似。

ETF小叮嚀

自去年中以來網路股票與半導體股票有同步成長關係，它也是中長線投資的良好標的。

5-5 互聯網與電信部門

互聯網與電信部門公司的利潤較低，但這並不代表其風險也相對低，因此你宜找尋波動較小及股利較佳的公司做交易。

在1990年代末及2000年初互聯網（Internet）與電信部門是非常熱門的投資選項，2000年開始其價位急劇下跌，後來它們又逐步恢復其長期漲勢，以下是三個主要的部門指數代碼：

- 北美電信指數（XTC）
- 網路指數（NWX）
- 互動週（Interactive Week）互聯網指數（IIX）

這些部門的一個共同特徵是，指數內的大部份公司皆缺乏盈利，一些大公司如AT&T、Cisco系統與時代華納等，雖擁有巨大的市場但仍然無法給投資人耀人的利潤。

5-6 台灣工業、技術與電子部門

台灣工業、技術與電子部門分別由三種指數來代表，你宜留意那些成交量稀薄的基金，它們特別容易受人為操控。

台灣工業、技術與電子部門主要是由三個部門指數來代表，它們是TAIEX電子指數、台灣資訊科技指數與台灣發達指數。每一個指數皆有追蹤它的ETF，說明如下：

1）元大/P-股台灣電子科技基金（台證所代碼：0053）
http://www.yuantafunds.com

元大/P-股台灣電子科技基金成立於2007年7月4日，基金規模763.65百萬台幣（截至2013/07/31），它追蹤成立於1994年12月31日的TAIEX電子指數。基金的產業持股比重如下：電子半導體34.94％、通訊及互聯網14.33％、電腦及周邊設備10.6％、其他電子工業9.08％、及光電7.7％（截至2013年6月

30日）。基金的前5大持股為台積電21.48％、鴻海6.51％、中華電信5.91％、聯發科3.5％、及台灣大哥大3.1％。從週圖看（圖5-4）0053基金在三年中發展出三條近乎完美的趨勢線，長線交易者可根據它們進出市場，如①代表退出點，但非賣空點，原因是趨勢突破點位在40-週均線之上，且離它太近。

②並非是好的買進點，原因是趨勢突破點距離40-週均線太近，你的買進點是③，它是上升趨勢線已有效形成（由三個接觸點形成），且價位點位在40-週均線之上。短線交易者可利用日線圖（圖5-5）的狹長矩形形態進行交易，4月下旬的形態突破夾有大成交量，且突破點位在50–天與200–天均線之上，這是良好的突破形態，箭頭指示處是買進點，而在此之前MACD與信號線的交叉已先一步預示形態突破的可能發生。

2）富邦台灣資訊科技指數基金（台證所代碼：0052）
http://www.fubonetf.com.tw

成立於2006年9月12日、基金規模317.39百萬台幣（截至2013/07/31）的富邦台灣資訊科技指數基金完全複製並追蹤台灣資訊科技指數，該指數是由證交所與英國富時指數有限公司（FTSE）共同合作編製，並於2004年11月29日發行。

圖5-4／元大/P-股台灣電子科技基金（0053）長線交易的進出機會

圖5-5／元大/P-股台灣電子科技基金（0053）短線交易的買進時機

本頁資料來源：永豐金e-Lead

　　臺灣資訊科技指數成份股是由台股市值排名前150大的上市公司中，行業類別屬於ICB全球行業分類—科技類的公司所組成，成分股來自臺灣50指數與臺灣中型100指數，共150檔股票，這些皆是最具代表性的臺灣科技產業公司股票（如台積電、鴻海、宏達電等）。指數成份股的篩選考慮其流動性及公眾流通量，它涵蓋科技產業（IC、手機、PC、LCD、LED、DSC、網通等）及其次產業。

　　從週圖看（圖5-6），長線投資人的退場時機是在①，在該處價位突破上升趨勢線及40–週均線，而更早前則發生MACD與信號線的交叉。

　　②處雖然價位突破下跌趨勢線，但突破時沒有顯著成交量，且突破點位在40–週均線之下及距它不遠，故②並非合適的買進點。從日圖看（圖5-7），由於0052基金的日成交量太稀薄，故其股價容易受人為拉台，如2012年10月及2013年7月出現的長黑價條線，及圖形中出現許多跳躍式的價位點，這些均不利於投資人的交易。

　　3）富邦台灣發達基金（台證所代碼：0058）http://www.fubonetf.com.tw

圖5-6／富邦台灣資訊科技指數基金（0052）長線投資人的交易時機

圖5-7／富邦台灣資訊科技指數基金（0052）不利於短線交易之處

本頁資料來源：永豐金e-Leader

　　富邦台灣發達基金是富邦投信於2008年2月14日所成立，基金規模207.19百萬台幣（截至2013/07/31），月均成交量：7,100股，月均折溢價（％）：-0.04。它追蹤台證所與英國富時公司（FTSE）合編的「臺灣發達指數」，採國際分類標準。

　　以八大產業作為其訴求對象，其成分股包含臺灣上市的市值前150大公司中不屬於金融與科技產業的類股，產業涵蓋範圍包括台灣主要的傳統產業（如石油與天然氣、基礎材料、工業、生活消費品、衛生保健、消費服務、電信服務、公用事業等八大產業）及中國收成概念龍頭股。

　　臺灣發達指數成立於2007年1月15日，指數基期設在2006年7月31日，基點為5000點，它依據市值、公眾流通量、流動性與產業類別等選股原則，從現有臺灣50指數的50支成分股，以及臺灣中型100指數的100支成分股中，排除金融與科技類股後篩選出具有市場代表性且流動性佳的股票做為指數成份股，以衡量台灣傳統產業的績效表現。

　　臺灣發達指數與臺灣高股息指數同時推出，它是繼臺灣50指數、臺灣中型100指數和臺灣信息科技指數三支指數之後，台證所與富時指數聯手編製的新指數。臺灣發達指數成分股的

產業分佈，主要是由基礎材料（約佔44%）、工業類股（約佔26%）、生活消費品（約佔14%）、電信服務（約佔11%）等四大產業所組成，包含受惠於新興市場高度成長需求之鋼鐵、塑化、航運業等基礎材料、高毛利率族群的3C關鍵零組件、民生需求關聯性高的食品、紡織、百貨、電信服務業，及中國收成概念與高股息之價值投資族群類股，可以說其成分股主要是傳統產業及中國概念股族群中具有代表性的產業龍頭股。

0058基金的週圖（圖5-8）分析如下：①代表10–週均線貫穿40–週均線後之買進點，突破時有大成交量，此時10–週均線剛好與上升趨勢線重疊，故①同時也位在已形成的上升趨勢軌道內，這說明它是一個較安全的買進點。

②代表上升趨勢遭突破之際的賣出點，但因該點位在40–週均線之上，故不宜在該點做賣空。③代表價位突破下跌趨勢及40–週均線之點，而在突破之前MACD線與信號線的交叉已先一步發出價格衝量訊息（見④），若非上頭的阻力線（見虛線）靠太近，這應是一個好的買進點，若你在③買進，則當價位從阻力線反彈並跌落40–週均線之下或MACD朝下貫穿信號線（見⑤）時，你應迅速退場。

圖5-8／富邦台灣發達基金（0058）的長期交易時機

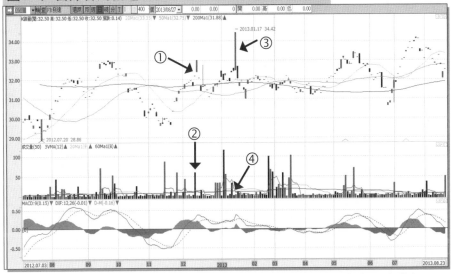

圖5-9／富邦台灣發達基金（0058）的可疑價位衝量

本頁資料來源：永豐金e-Leader

從天圖（圖5-9）看，0058基金的問題與0052基金相同，都是因成交量稀薄以致容易引起外資或做手進行人為操控，這種情況若發生時價量圖上常出現一些可疑的價位衝量。

如2012年12月的①顯示，價位在迅速往上拉之後於次日跌落前一天開盤價之下，在價位猛烈上拉當天成交量特大（見②），這意味著買進的股民不少，這些跟進的投資人皆成了陷阱內的困獸。同樣的價位往上拉情形也發生在2013年1月（見③），但這一次股民學乖了，並沒有乘機跟進（見④）。

ETF小叮嚀

台灣基金的投資宜屏除成交量稀薄的對象，而專注於成交量較高的數檔基金。

Part6

能源部門

直到1990年代末期美國與歐洲一直都是全球石油消費的大戶，但當全球化開始之後其他國家也開始增加其石油消耗，其中包括印度與中國這兩個全球最快速成長的新興經濟體及其他亞洲國家。

　　而佔全球石油供應量40％的OPEC卻開始減緩其生產速率，非OPEC生產國家（如墨西哥與北海地區）也開始大幅度減產。2000年開始及展望未來石油供需具有以下數種特質：

　　• 全球石油蘊藏的最大部份將握在對美國不友好的國家（如委內瑞拉及俄羅斯）手裡，由於石油是這些國家的主要收入來源，故它們希望能儘量提高油價。

　　• 根據國際能源機構（International Energy Agency，簡稱IEA）的評估，蓬勃發展的北美石油生產正在重塑世界市場，這有助於滿足日益增長中的開發中國家對石油的需求。

　　• 隨著全球經濟的復甦，世界石油需求預期將從2012年的每天88.9百萬桶提高到2013年的每天89.7百萬桶，而這些額外的需求主要來自非OECD地區，非OPEC的供應量預期將增長每天1.0百萬桶，而2013年OPEC將維持每天30百萬桶的輸出目標

（這是根據2013年5月31日OPEC在奧地利維也納的第163次會議中對 2013年下半年的展望與全球石油供需的預期）。

• 世界石油消耗隨著新興國家經濟的持續成長，預期在未來十數年將會持續穩定成長。

• 由於石油探勘成本逐漸增加，從長期觀點看預期油價未來將會逐漸提升。

ETF小叮嚀

新興市場股市去年表現落後於已開發國家股市，雖然如此，未來它們仍有值得投資的標地，方法是要慎選其潛力股。

6-1 影響石油、天然氣、加熱油、與汽油價格的因素

能源價格是多種獨立因素的函數，這些因素的任何一個均能左右能源價格。

影響能源價格的因素包括供需、地緣政治問題、氣候與季節性因素等，略說明如下：

1）供應與需求

大部份時間石油供應往往是較穩定的，而僅當經濟成長時期它才會升高，在過去的週期中美國與西歐的需求是驅動油價上漲的主要因素，除此另一些影響石油市場的因素尚有：

• 任何對石油供應的威脅均將導致油價上升

• 石油需求經常在波動，但石油供應卻是有限，特別是燃油的供應更為有限，原因是煉油、儲存與運輸的瓶頸造成它如此，若要提升供應則須時數週。

2）地緣政治

除了基地組織（Al-Qaeda）與反恐戰爭因素，對石油產生最大影響的中東事物是伊朗。美國入侵伊拉克及其後的撤軍給了伊朗擴張其全球影響力的機會，這種變化使中東時時處於緊張狀態。原因是中東少了一個制衡伊朗的主要力量後，使得扼守荷莫茲海峽（Straits of Hormuz）的伊朗能將其威脅發揮到最大。荷莫茲海峽的重要性在於產自科威特與沙烏地阿拉伯的石油須經它輸出到全球市場，而口頭威脅該海峽的警告就成了伊朗對抗歐盟（EU）、美國及聯合國的武器。

3）氣候

氣候在一年的某些時候對石油供應有關鍵影響，如當大西洋的颱風季節（6月～11月）期間任何一場大風暴均將威脅墨西哥灣，因此它能影響美國的天然氣與石油供應量。如2005年8月的卡翠納颱風重創紐奧良地區，而大量墨西哥灣石油輸入到美國本土是經由紐奧良港，由於卡翠納之故美國的每年石油產量幾乎下跌20％，而天然氣產量則下跌15％。

4）季節性趨勢

• 在春季當煉油廠的生產從取暖油轉變到汽油時，原油價格往往走低。

• 每年的前6個月當氣溫變暖時，取暖油價格常走低。

• 天然氣價格比取暖油及汽油價格有更多波動性，且在任何時候都容易受到供需影響。

ETF小叮嚀

中小型股目前已較為昂貴，大型股的價格則相對便宜，展望牛市今年可望持續，因此分散投資於大、中、小型股票是目前提升整體表現的較佳策略。

6-2 能源股票
與相關商品的關聯性

留意油價（WTIC）、石油指數（XOI）與石油服務指數（OSX）
三者間的分歧關係，讓你有從中獲利的機會。

　　現貨油價在2008年上半年有狂飆的上升走勢，該年5～7月
油價走勢出現分歧的技術信號。

　　（圖6-1）是從技術觀點顯示商品市場的退場時機，7月中
旬油價往下突破趨勢線，結束其半年的上升趨勢，箭頭指示處是
較晚的退場時機，較早的退場時機應是在負分歧信號出現之後，
即尚未突破趨勢線之前即採取行動。

　　石油與石油服務股票是原油價格的重要晴雨計，石油股票
的變動往往領先油價變動，有時石油股票與原油期貨同步或晚它
一步。通常石油或石油服務股票與原油價格應有一致走勢，任何

分歧均意味著其中任一方逆反其走勢，這種情況可能具有正面或負面意義，例如油價（如原油現貨指數WTIC）側向移動或是往下。但石油（如石油指數XOI）或石油服務股票·（如石油服務指數OSX）開始往上飆，則油價將有較大機會走高。

以上的XOI及OSX指數都是期貨指數，它們與WTIC的現貨指數不同。如石油股票往上飆但油價並未跟隨往上，則石油股票價格不久可能下跌，這時的分歧是一個負面信號。

圖6-1／原油現貨價格指數（WTIC）的分歧形態

資料來源：Chart Courtesy of StockCharts.com

　　或如油價走勢往上（圖6-1）但石油股票走勢往下（圖6-2），則一旦任一方往下突破（如XOI在7月初的突破，見圖（圖6-2）箭頭指示）這預示另一方不久也將跟隨（如WTIC在7月中旬的向下突破，見圖6-1箭頭指示）。

圖6-2／石油指數（XOI）的朝下突破時機早於油價指數（WTIC）

資料來源：Chart Courtesy of StockCharts.com

值得注意的是在石油股票走勢往下的同時石油服務股票
（見石油服務指數OSX）走勢卻往上（圖6-3），但其向下突破
趨勢的時間（7月初）仍然與石油股票（XOI）相同（圖6-2）。
石油服務股票（OSX）與原油現貨價格指數（WTIC）一樣，
在其價位向下突破之前都形成負分歧。

圖6-3／石油服務指數（OSX）的分歧形態

資料來源：Chart Courtesy of StockCharts.com

6-3 部門ETFs概述

交易與石油相關的能源部門ETFs時應儘量擯除風險較高的期貨ETFs。

　　石油服務指數（OSX）含有15種成份股，其中包括哈里伯頓（Halliburton，代碼HAL）與斯倫貝謝公司（Schlumberger，代碼SLB）等大公司。交易石油及石油服務部門可透過買進個別股票或ETFs來達成，也可買進部門共同基金，但共同基金交易須等待市場收盤後始能成交，而在全天的市場交易時段股票價位可能有大變化，這意味著使用共同基金交易你將錯失很多市場買進良機，而個股交易則有較大風險，因此本節僅討論與能源部門相關的ETFs：

1）原油ETFs

美國石油基金（USO）是第一個允許投資人實際交易原油

期貨而不用直接擁有期貨合約的ETF，USO並不直接投資在石油公司，它是買進原油期貨，因此其風險高且波動性也大。

　　USO雖然追隨原油的一般價格走勢，但其價位與領先的原油期貨卻不相同。（圖6-4）是USO在08年的走勢，它與原油指數（圖6-1）有很多相似處，箭頭指示處標示賣空或退場時機。除了USO外iPath S&P GSCI原油總回報指數ETN（OIL）是另一個值得考慮的對象，它追蹤高盛（Goldman Sachs）原油回報指數，OIL走勢與USO有很大的相似度。

圖6-4／美國石油基金（USO）是一高風險的投資

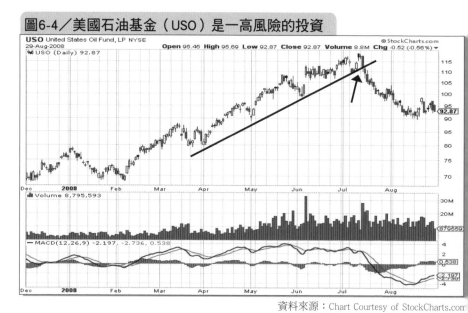

資料來源：Chart Courtesy of StockCharts.com

　　如果想找尋多樣化能源期貨基金，則ProShares 德意志銀行能源基金（DBE）是一個好對象，DBE追蹤德意志銀行液體商品指數，這個指數擁有輕質低硫（WTI）取暖油、布侖特（Brent）原油、RBOB汽油（即無鉛汽油）與天然氣的期貨合約。DBE雖擁有5種商品期貨合約，但期貨領域畢竟風險太高，並不適合一般較少經驗的投資人。

2）石油與石油服務ETFs

　　Market Vector石油服務（OIH）及能源選擇部門SPDR（XLE）是兩個有大交易量的ETFs，OIH至少投資其80％總資產在石油服務指數的成份股，而石油服務指數擁有普通股票及石油服務行業的ADRs（美國存託憑證）。XLE則至少投資其95％總資產在能源選擇部門指數的成份股，這個指數的成份公司來自石油、天然氣、消費性燃料、能源設備與服務等領域。從風險看，投資OIH或XLE自然比投資USO、OIL及DBE少，它們也是較適合一般散戶考慮的投資對象。

　　若要賣空能源部門，可使用ProShares UltraShort油氣基金（DUG），這是一個多樣化及槓桿型ETF，它具有道瓊斯美國石油與天然氣指數的2倍逆向回報，換句話說若指數下跌5％，DUG將上升10％（圖6-5），總之，DUG與XLE有著相反的走勢。

3）天然氣ETFs

天然氣比石油便宜，其蘊藏量也相當大，它也是比石油更乾淨的能源，兩種能源的惟一不同處是天然氣交易具有極大波動性，有時盤中的變動也可能蠻大，這使得即使是專業人士也會面臨短期交易的難題。NYSE Arca天然氣指數（XNG）擁有20檔成份股，它包含切薩皮克（Chesapeake）能源（CHK）與EOG資源（EOG）等大公司。XNG是天然氣市場的風向球，它也是最廣被接受的天然氣股票之價位基準。

圖6-5／ProShares UltraShort 油氣ETF（DUG）是賣空能源部門的好對象

資料來源：Chart Courtesy of StockCharts.com

（圖6-6）顯示08年7月初XNG結束其長達半年的牛市，以一長黑價位貫穿水平支撐線（見箭頭指示處），其後數天價位雖然暫時回檔至阻力線，但這只是迴光返照，此後價位一路下滑，至2012年4月才開始止跌。

你的交易方式可使用個股或ETFs，（圖6-7）顯示EOG資源公司（EOG）的頭肩頂形態在7月初遭突破及開始進入熊市，當在此之前一個分歧形態早已顯示未來的負面意義。相應於

圖6-6／天然氣指數（XNG）在08年中旬的下跌走勢

資料來源：Chart Courtesy of StockCharts.com

131

圖6-7／EOG資源公司（EOG）在08年的頭肩頂形態

圖6-8／美國天然氣基金（UNG）在08年7月初向下貫穿趨勢線，
從此進入熊市

本頁資料來源：Chart Courtesy of StockCharts.com

XNG指數的跌破支撐線，美國天然氣基金（UNG）也於08年7月初結束其半年牛市，而進入長達數年的熊市（圖6-8），在此值得一提的是UNG投資於天然氣的期貨合約，再加上天然氣的波動性本就很大，故即使是ETF有時其盤中（intraday）也會有極大波動，任何想交易UNG的投資人必須謹慎為之。

4）取暖油ETFs

取暖油（heating oil）是一種低黏度的液狀石油，它常做為建築物（住宅、商業與市政大樓）的火爐或鍋爐之燃料用，因此傳統上它是冬天商品，然而隨著汽車與卡車的增加使用柴油，及它的一些特殊配方可使用於飛機動力系統，取暖油部門股價因此獲得上漲的動能。美國能源部的能源資訊署（EIA）每週三公佈取暖油的供應數據，這是推動取暖油價格上漲的主要動力，特別是冬季與秋季，若天氣特別冷時更是如此。擁有取暖油期貨合約的美國取暖油ETF（UHN）出現於2008年7月，它可靠地追蹤取暖油價格，其長期圖形見（圖6-9）。

5）汽油ETFs

美國汽油ETF（UGA）雖反映現貨汽油價格，但它卻擁有汽油期貨合約（圖6-10）。另一個從汽油市場獲利的方法是交易煉油廠股票，若油價便宜時由於需求增加煉油廠股價往往走高，Valero能源（VLO）是煉油廠股票的晴雨計。

圖6-9╱美國取暖油ETF（UHN）的長期走勢

圖6-10╱美國汽油ETF（UGA）的長期走勢

本頁資料來源：Chart Courtesy of StockCharts.com

Part 7

醫療保健部門

醫療保健（Health Care）部門的供應方主要有兩個部份，其一是提供產品與服務給公眾的部份，這部份包含的公司主要是醫院與其他醫療保健快遞公司，及藥物與醫療器材公司；另一是支付服務費的機構，如州政府與聯邦政府及私人保險公司。

醫療保健部門的需求方則是病人，它主導整個醫療動態系統。研究指出：慢性疾病如高血壓、心臟病、糖尿病、及慢性阻塞性肺病（COPD）等病人是系統中最大的花錢者，藥物和設備公司早就看出此種趨勢，數十年來它們在慢性疾病治療方面投下大筆金錢。

慢性疾病的老年人近年來其數量逐漸增長，他們極須要醫療保健的照顧，但健保機構卻較少意願去支付此等經費。

因此雖然醫療保健支出成長率持續增長，但其成長率卻是有選擇性的，通常保險僅涵蓋低成本的藥品及裸露筋骨的醫療設備。最大的健保支付機構——聯邦政府的醫療保險（Medicare），及州政府的醫療補助（Medicaid）已經做了一些旨在削減成本的重大改革，由於州政府削減10%給付額度，目前病人可能須自行支付昂貴的新藥品，一些私人健保公司則更加慎重地挑選病人。為了以上緣故從市場交易的觀點看，你必須

了解每一個醫療保健細分部門的大致情況，例如你必須掌握以下數種資訊：

- 每個領域的業務模式

任何一個健保領域的公司是如何賺錢的？

- 什麼因素影響公司業務？

什麼因素促成公司能送出符合華爾街預期的報告，這些因素包括市場力道與產業特殊因素等內在與外在影響力。

- 是否能找到監測每一個細分部門表現的指數？

指數能讓你在做進一步分析之前快速看到整個細分部門的概況，因此它能節省你大量時間。

- 公司彼此間的差異性

並不是製造相同產品的所有公司都是相同的，如其中的一或二間公司擁有優於其他公司的產品，則顯然地它們將脫盈而出，並獲得市場的最大股份。

在你對細分部門有較清楚認識之後，下一步就是找尋能代表該部門的ETFs以進行交易，儘量避免花大量時間於個別公司的分析。

7-1 健康保險公司概述

健保公司就如金融公司或其他保險公司，都會受到經濟不景氣的影響，要了解這一行業的動向首須從HMOs與NYP兩指數著手。

　　健康保險公司就像其他保險公司，它們是否賺錢主要依其投資情況及保險理賠的多寡而定，因此健保部門的價格波動與部門內公司的服務支出與保險收入有密切關聯，以下是一些你須了解的關鍵因素：

　　• 健保公司與其他保險公司一樣，都面臨一些相同的市場相關壓力，如（圖7-1）顯示健保指數與金融產業指數一樣，在08年次貸危機爆發時也遭受重擊。因此你須知道健保公司就如金融公司的服務角色，後者提供金融服務，而前者則提供健保相關服務。當次貸危機期間許多人因失掉工作而無法付貸款，並因而拖累銀行，這些人同時也因無力付健保費而拖累健保公司。

• 健保公司精挑細選關於誰可獲得健保及他們可獲得多少照顧，因此其業務常充滿訴訟，而這些公司涉及的訴訟與調查則造成其公司股票的波動。

• 另一個影響健保公司股票的因素是來自華盛頓的公共政策基調，在選舉季HMOs往往成為政客的競選話題，而這可能造成部門的另一種波動來源。

圖7-1／摩根·史坦利醫療保健付款人指數（HMO）在2008年次貸危機發生後進入熊市

資料來源：Chart Courtesy of StockCharts.com

• 失業率上升時能供得起健康保險的人數就會下降，而這對部門的影響是負面的。

• 有時候一間公司在某段時間陷入財務困境，市場因而做出聯想而將此種氣氛擴散到整個部門，而這往往導致巨大波動。

HMOs指數包含11間公司，它們的加權百分比分別是（截至2012/01/11）：

•WellCare Group Inc.（WCG）13.70％

•Humana Inc.（HUM）10.61％

•Centene Corp（CNC）9.95％

•United health Group（UNH）9.13％

•Aetna Inc.（AET）9.05％

•Wellpoint Inc.（WLP）8.27％

•Amerigroup Corp（AGP）8.15％

•Coventry Health Care（CVH）7.84％

•Cigna Corp（CI）7.83％

•Molina HealthCare（MOH）7.81％

•Health Net（HNT）7.65％

資料來源：Interactive Data

其中Humana、United health、Aetna、Wellpoint及Cigna等數家公司均是極有名氣的大公司。

　　除了HMO指數外，NYSE健保部門指數（NYP）則是涵蓋更多大及小型公司的指數，它有50種成份股（圖7-2），其中也包含HMO的一些大公司（如AET、CI與WLP等），因此若論部門代表性NYP指數應會優於HMO指數。

圖7-2／NYSE健保部門指數（NYP）在2008年的走勢

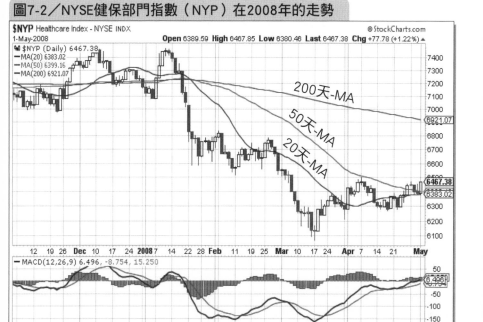

資料來源：Chart Courtesy of StockCharts.com

NYSE健保部門指數（NYP）名稱是依以下程序找到：http://usequities.nyx.com。（home）／indices／Index Directory → Nyse Equity Indices

NYP代碼知道之後再從finance.yahoo.com得知其成份股內容。健保部門的股票往往有一齊移動的傾向，但在以下情況它們可能走自己的道路：

- 盈利報告、盈利警訊或公司業務的未來展望發佈時
- 利率改變時
- 醫療創新狀態

若新藥品或產品問世且顯示有需求量時，公司最終將屈服於公眾壓力而為新產品提供精美包裝，而這將提高其成本。

ETF小叮嚀

歐洲經濟已從谷底回升，與美股相較歐股算是較便宜，但歐洲ETF成份多種，有投資於整個歐洲地區的，也有投資個別國家的，你須權衡自己的投資目標及風險忍受程度來挑選基金。

7-2 抓HMOs時機

利率通常與健保部門的走勢相反，了解利率動向後可分別從部門內股票或透過部門ETF的操作來獲利。

健保部門一旦開始形成趨勢它往往會在一個方向移動一段長時間，買進此部門的時機是當：

•利率走低時

醫療保險公司的股票事實上就是金融部門股票，傳統上當利率下跌時整個金融部門（包括銀行、儲蓄與貸款、經紀、財產和意外傷害、再保險、及健康保險等公司）往往走牛市。

•盈利往上滾軋時

你須追蹤公司的每季盈利，大型共同基金公司喜歡買進那些有長期盈利上升記錄的公司。

利用技術分析買進指數成份股，這意思是在HMO指數內逐

一過濾其成份股、選擇最強的股票購買、或是買進健保選擇部門ETF（XLV），然而XLV雖包含一些HMO成份股票（約佔投資組合的8％），但它並非直接追蹤HMO指數，它也包含其他部門的股票。如（圖7-3）箭頭①指示處是價位突破三角形形態線的最佳買點，該突破佐以早一步發生的MACD貫穿，這釋出一個強力的買進信號。4～6月XLV形成分歧，這是賣出（並非賣空）的時機。

圖7-3／健保選擇部門SPDR（XLV）的最近一年走勢

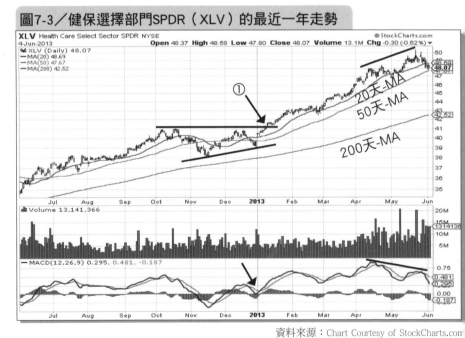

資料來源：Chart Courtesy of StockCharts.com

7-3 製藥與生物技術公司

利用BTK等三種指數來追蹤製藥與生技部門動向是最適當的做法，生技公司具有高風險，故適合交易ETFs而非個別股票。

市場過去常將製藥與生物技術公司分開看待，但在人類基因組被破譯之後以上兩者的界限變得模糊了，傳統上的製藥公司目前也涉及一些生物技術，原因是他們創立自己的生物技術部門或是買進一間或數間生技公司。

三種主要指數可讓你追蹤製藥與生技部門，它們是Amex生技指數（BTK）、Amex製藥指數（DRG）、及Nasdaq生技指數（NBI）。以下是此三種指數的一些重要事實：

• BTK與DRG擁有許多大型股票，意思是這些大型股的變動將主導部門走勢，其中DRG有16種成份股，它們包含強生

公司（Johnson & Johnson，代碼JNJ）及默克公司（Merck & Co，代碼MRK）等公司，BTK有20種成份股，它們包含生物遺傳公司（Biogen，代碼BIIB）及Amgen（AMGN）等公司（截至2012/01/11）。

‧ NBI包含在Nasdaq交易的所有大、中、與小型生技股票，故在生技部門有較多代表性，就這點論它優於BTK。NBI有125種成份股（成份股名稱見finance.yahoo.com），其中包括生技業的龍頭Amgen與Biogen。Nasdaq的各種指數名稱可利用以下程序搜尋：http://www.nasdaq.com。（home）╱Market Activities → Indices

Nasdaq網址並未提供成份股名單，（圖7-4、圖7-5及圖7-6是生技指數與製藥指數的近期走勢，這兩種指數在最近的6月初都突破趨勢線而進一步朝向突破或已突破50–天均線，中期投資人在趨勢線突破時即應退出市場，第二次退場時機是當指數有效突破50–天均線之際，換句話說目前就是你決定的時刻。

指數不能做交易，故所謂退出市場指的是退出你的股票或ETFs持股，對於生技業你的最好做法是透過ETFs買進整個部門而非個別股票，這原因是生技公司新產品若遭聯邦食品與藥物管

圖7-4／生物技術指數（BTK）的近期走勢

圖7-5／Nasdaq生物技術指數（NBI）的近期走勢

資料來源：Chart Courtesy of StockCharts.com

理局（FDA）否決，往往導致其股票的巨跌。如果你還是想買進個股則可從NBI找名單，選擇剛突破基部形態的股票買進。生技ETFs的名錄（包括槓桿型與逆向型），可依下列程序從ETF Database網站搜尋：http://etfdb.com。（home）／（ETFs by Categories）／Equity → Health & Biotech Equities

圖7-6／製藥指數（DRG）的近期走勢

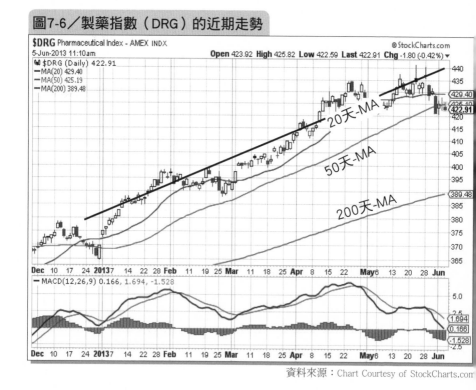

資料來源：Chart Courtesy of StockCharts.com

全部ETFs計有25種，部份名錄如下：

• IBB：iShares Nasdaq Biotech指數基金

• XBI: SPDR S&P Biotech ETF

• FBT: First Trust AMEX Biotech指數基金

• BBH: Market Vectors Biotech ETF

• PBE: PowerShares Dynamic Biotech & Genome Portfolio

• BIB: ProShares Ultra Nasdaq Biotech

• BIS: ProShares UltraShort Nasdaq Biotech

以上BIB是槓桿型，而BIS是槓桿逆向型基金，經驗不豐則不宜交易此兩型基金。ETF Database 擁有大部份在美國交易的ETFs名錄，如你想交易生技之外的其他種類ETFs，也可依以上程序搜尋。

7-4 醫療保健服務和醫院

醫療保健服務部門和醫院因各種原因,其成本逐漸高升及利潤也因而減少。投資前你宜比較相關指數與大市指數的表現,且最好挑選價量圖上剛抬頭且有大成交量的個股或ETFs做交易。

　　健保系統的另一個重要領域是醫院和醫療保健服務。除了Medicare與私人保險公司削減報銷額度這個事實之外,醫療服務部門另有一些你應知道的問題:

　　• 聯邦疾病防治中心所屬的全美健康統計中心發現:2012上半年65歲以下的美國人有20.3％無力支付醫療賬單。據該中心在2012年1～6月對15萬5000人所做的調查結果顯示,無力支付醫療賬單的民眾中36％沒有健保、14％有私人健保、25％以上有政府健保,許多民眾因此乾脆不看病,或是不願按處方購藥。

　　• 大量的無保險病人選擇急診室做為其初級保健服務處所,

由於法律規定病人上門醫院不能將其趕走，許多無保險病人因而可能得到免費醫療，醫院也因此在其資產負債表上增添不少未收回和無法收回的債務，以致經常產生營運赤字。

• 其他的細分部門也遭逢壓力

例如經營腎透析（即洗腎）、門診手術中心、及養老院或高級護理中心的許多公司也因成本與需求持續升高、及報銷額度減少而受到壓力。Medicare不涵蓋的家庭護理通常每個月須耗$4,000。對於養老院與其他高級護理中心，預期其成本也將會提高。

• 過去20餘年健保部門已因詐欺而受損，兩家大公司（Columbia Health Care及Tenet Inc.）已被起訴、罰款、及必須歸還從Medicare詐欺的錢給政府，另一家大型醫療機構（Health South）也因內部詐欺問題而在重組其業務之前解僱CEO-Richard Scrushy，這種種的不守法事跡導致來自國稅局（IRS）的增加稽核壓力，及報銷額度的持續減少。

• 部門成本正在升高

當經營預算必須增加以符合需求之際利潤率將萎縮。

• 來自非營利企業的競爭正在壓擠私人經營醫院的利潤

慈善機構與教學醫院在市場的許多方面正針對營利性醫院進行強烈競爭。

以上說明醫院與醫療保健服務的目前實際經營狀況是困難，更不用說營利的獲利會有多少，在投資前你宜考慮以下數種重要步驟：

1）比較醫療保健提供商指數（RXH）與廣基指數S&P500

醫療保健提供商指數（RXH）含有15種成份股票（截至2012/01/11），其中包括Omnicare（OCR）、Pmc Capital（PMC）與Amsurg（AMSG）等公司，（圖7-7）是RXH近半

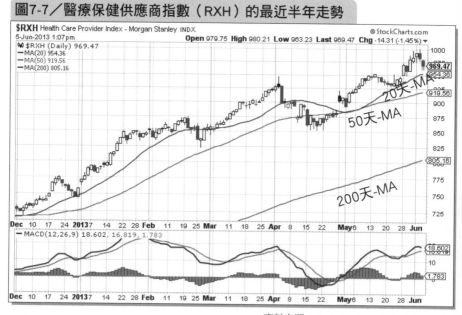

圖7-7／醫療保健供應商指數（RXH）的最近半年走勢

年走勢，如果你想知道這一行業是否值得投資，首先須將它與
S&P500指數比較，（圖7-8）是兩種指數的一年表現之比較，
據該圖你應很清楚地知道該選何者進行投資。

2）檢視指數成份股以決定何種股票適合投資

最好是挑選剛從基部形態抬頭且具有大成交量的股票或
ETFs做投資。

圖7-8／醫療保健供應商指數（RXH）與S&P500指數（SPX）
　　　的一年表現比較

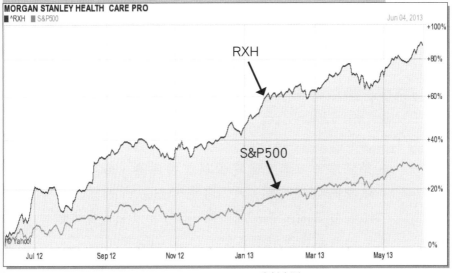

資料來源：Chart Courtesy of StockCharts.com

3）部門的重要ETFs如下：

• PowerShares Dynamic Pharmaceuticals ETF（PJP）

• iShares Dow Jones U.S. Healthcare Providers（IHF）

•SPDR S&P Pharmaceuticals 指數基金（XPH）

•First Trust Healthcare AlphaDEX 基金（FXH）

•iShares Dow Jones U.S. Pharmaceuticals（IHE）

•iShares S&P Global Healthcare部門指數基金（IXJ）

ETF小叮嚀

投資海外市場宜考慮匯率波動風險，若要避開歐股的這項風險，可以考慮Wisdom Tree Europe Hedged Equity Fund（代號：HEDJ），它是規模最大的短期匯率避險基金。

7-5 醫療器材

從技術圖形觀察醫療器材部門指數的動向後，挑選指數內的成份股或利用部門ETF做交易，是一種很常見的做法。

醫療器材包含所有醫療相關儀器，如可控制輪椅、紅外線偵讀器、超音波圖像儀、呼叫器、病床病人監視儀器及其他醫療器材等。全球醫療器材市場的總資產約3120億美元。

美國在2011年時的市場有約1100億美元，全美有5300家醫療器材廠商，加州有2321家，矽谷有580家，其中有68家上市。

醫療器材產業經營成功的要訣是首先要能針對未滿足的需要提供服務或產品、提供附加價值、在產品處於試模階段時就要能引人注意。如果缺乏資金、不能及時提出符合FDA規定的新產品或優良產品、和市場需要背道而馳、關鍵人物離開公司、缺

乏具前瞻性與熟悉市場的領導層與專業團隊、及缺少銷售物流管道等，這種種因素皆能導致公司失去競爭力，及最後免不了失敗的命運。

醫療器材部門的指數是摩根・史坦利健保產品指數（RXP）（圖7-9），這個指數並未全部都包含醫療器材公司，它也包含醫療器材之外的其他產品製造公司，這些公司是業務多樣化的大藥品製造商，它們的收入來源部份完全來自藥品製造。

RXP包含22種成份股票，如生物遺傳公司（BIIB）、施貴寶公司（Bristol-Myers Squibb，代碼BMY）、輝瑞公司（Pfizer，代碼PFE）、禮來公司（Lilly，代碼LLY）、強生公司（JNJ）、Amgen（AMGN）及波士頓科學公司（Boston Scientific，代碼BSX）等著名大公司皆包含於其中。

但純粹的醫療器材大公司則限於C.R. Bard（BCR）、碧迪（Becton Dickinson，代碼BDX）、波士頓科學公司（BSX）、美敦力公司（Medtronic，代碼MDT）、聖裘德公司（St. Jude，代碼STJ）及斯瑞克（Stryker，代碼SYK）等公司，其餘則為較小公司。以下因素對這個部門有壓倒性的正面影響：

• 老齡化的人口統計有利於部門

關節置換手術將增加，心臟起搏器、心臟去纖震器（defibrillators）及實驗室測試儀器與耗材用品將會有高度需求。

• 大部份公司都擁有受過高度訓練、態度積極、與做事有效率的銷售團隊

圖7-9／摩根・史坦利健保指數（RXP）的最近半年走勢

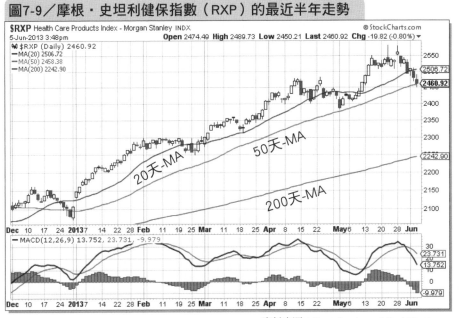

資料來源：Chart Courtesy of StockCharts.com

• 對投資人而言，醫療器材細分部門在健保部門內最具成長性工程、電子及生技的進步對醫療部門的助益遠快於對醫藥行業。

上文列出的純醫療器材公司股票是這個細分部門內值得關注的對象，它們是指數內最大的醫療器材公司，但尚有其他小型醫療器材公司值得你注意。

這些相關資訊可透過投資人商業日報（Investor's Business Daily）的部門指數欄而獲得：http://www.investors.com。這些小公司若有潛力則它們往往成為被大公司收購的對象。

除了交易股票外以下ETF也是值得考慮的對象：iShares Dow Jones U.S. Medical Devices（IHI）

Part8

挑選最佳ETFs
與技術分析的
基本應用

8-1 挑選最佳ETFs

利用百分比變化圖的比較挑選出最佳指數後，再基於相同方法從指數中挑選出最佳ETFs，在決定購買前也不可忽略供應商背景。

如何從相對強度挑選最佳指數，其做法是利用百分比變化圖將部門指數與廣基市場指數逐一進行相對強度比較而得到。

在你選定了最佳部門指數後，下一步就是挑選指數內具有最佳圖表模式（chart pattern）及／或部門內有最大相對強度的ETFs家族，以保證你總是專注於買進最佳ETFs。在一個特別部門內找尋最強ETFs家族的過程在道理上相同於找尋最大相對強度（相對於廣基市場）指數。做法上你可使用百分比變化圖以比較特定部門的ETFs家族，及其追蹤的指數之實質表現，例如經過各種部門指數與大市指數的比較之後，你選出最強的其中之一部門指數–紐約證券市場的生技指數（BTK）。

BTK是健康與生物技術股票指數包含的29種細分指數之其中一種，點擊該指數（BTK）後可知，FBT（First Trust AMEX 生技指數基金）是追蹤BTK的ETF。點擊Dynamic Biotech & Genome Intellide Index則得知，PBE（PowerShares Dynamic Biotech & Genome Portfolio）是追蹤該指數的ETF。

點擊Health Care Select Sector Index後知，XLV（SPDR Health Care Select Sector fund）是追蹤該指數的ETF。點擊 Market Vectors US Listed Biotech 25 Index，知BBH（Market Vectors Biotech ETF）是追蹤該指數的ETF。以上的搜尋程序如下：http://etfdb.com/→ 點擊 Equity: Health & Biotech Equities（即BTK）

你如果想進一步了解以上各種細分指數的詳細內容（如指數代碼、價位表現、成份股票、加權百分比、與基本面等），最快速的方法是將該指數的全名（如Market Vectors US Listed Biotech 25 Index）鍵入Google Search：http://www.google. com，前文提到，健康與生物技術股票指數包含29種細分指數，BTK不過是其中之一，但它卻是最為人熟知的指數，如果你有耐性與時間不妨將此29種指數鍵入以下網址的表現百分比比較圖：http://finance.yahoo.com

理論上這種做法可以找出最強的細分指數，但實際的情況是yahoo網站並沒有建立所有細分指數的完整資料庫，例如它保存有BTK的2年價位資訊，但IXV（Health Care Select Sector Index）則僅有5天，因此你無法在2年的時框內比較BTK與IXV此兩細分指數的表現。

　　雖然 finance.yahoo.com缺乏細分指數的較完整資料，但它卻通常保存有追蹤該細分指數的ETFs之較完整資料，例如（圖8-1）顯示，BBH的表現優於FBT與XLV（基於1年時框），下一步是將BBH與其餘的ETFs逐一比較後發現，BBH仍然是最強的部門ETF，因此你可進一步去了解BBH的詳細資訊。

　　方法同前，在將BBH的全名鍵入Google Search後你可直接進入BBH的網頁，這樣做可讓你獲知該基金的總淨資產、30-天SEC利率、淨開支比、成份股票數目、在外流通股數、及基金的成立日期與過去表現等，這些因素可讓你決定是否將BBH列為買進對象。比較的時框未必以一年為基礎，但這是較折衷的做法，你也可比較1個月或1星期時框，它可讓你理解各種ETFs在最近期的表現。

　　如（圖8-2）是以上三種ETFs在一個月的短期時框內之比

圖8-1／生物技術部門內三種ETFs的長期表現比較

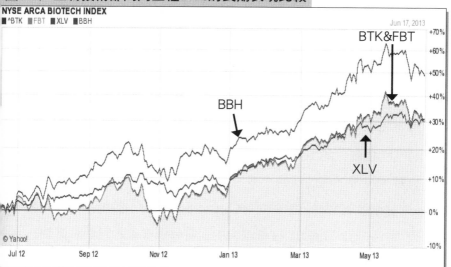

圖8-2／生物技術部門內三種ETFs的短期表現比較

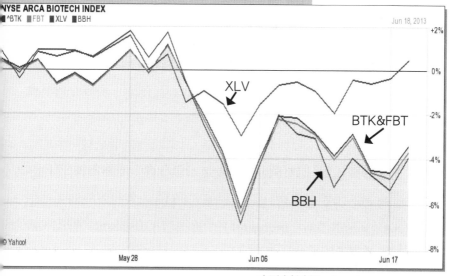

本頁資料來源：Chart Courtesy of yahoo.com

較，從圖可知XLV的表現優於其他兩檔ETFs，因此短期投資人可能考慮以XLV為買入對象，但長期投資人則可能挑選BBH。

當股市上升時相對較弱的ETFs不僅落後於指數，而且當指數拉回時它也將會是第一個下跌的ETF。BBH在生技指數下跌時其跌幅較大的原因與大型股（10種股票）佔基金比重達75%有關，這些排名前面的大型公司如生物遺傳公司（Biogen）、Gelgene及吉利德科學公司（Gilead Sciences）等均落後於整體股市，其他ETFs在其投資組合中則有較多樣化的股票，這使它們的表現至少能與指數並駕其驅，或可能超過相關指數。

當你選定了做為交易對象的ETFs後，下一步就是選擇何時進場與何時出場時機（見本章後文）。遵循以上的說法，你若能每天或至少每週一次搜尋相對強勢的指數或ETFs，則不管大市條件如何變化，你將總是能發現一種或兩種部門、或是其趨勢與主要指數無關的專業指數。

當你使用以上過程挑選到候選對象之後，最好能再從ETF供應商網站核對考慮做為交易對象的ETFs，其相對於淨資產值（NAV）是以溢價（premium）或折扣價（discount）賣出，最好買進價位等同NAV的ETFs。

其次是若你經驗不豐，則宜挑選那些追蹤廣基市場指數及有最低費用率（expense ratio）的ETFs，儘量避免那些追蹤狹窄產業或單一小國的ETFs。最後你也應留意ETF供應商背景，你所挑選的ETFs最好能是以下的一些領先供應商：

◆ 前鋒集團（Vanguard）：前鋒集團過去曾提供最低成本的指數基金，而現在則提供最低成本的ETFs，在你搜尋最佳ETFs名錄時前鋒是重要的資源之一。前鋒也對大客戶（帳戶存款多於10萬美元以上）提供Admiral Share等高級指數基金，其費用率比其他供應商相對地低。http://www.vanguard.com

◆ 智慧樹（WisdomTree）：這個指數的新家族專門挑選高股息股票做為其ETFs成份股，這些ETFs雖有較高費用，但對尋求高股息的投資人它提供寬廣的指數家族選擇。http://www.wisdomtree.com

以下兩者也是ETFs的大供應商，它們發行的有些ETFs較昂貴或其行業過於集中：

◆ 巴克萊（Barclays）全球投資人iShares。http://www.ishares.com

◆ 道富環球投資（State Street Global Advisors）。http://www.ssgafunds.com

8-2 了解ETFs的成份股

了解ETF成份股加權值大小的意義在於，你可避免挑選到少數股票佔太大加權值的基金。

上文提到BBH比部門內其他ETFs有較大跌幅的原因是出自它有數檔大型股佔有大加權比重，而這少數大型股的表現落後於指數之故。若投資組合的個股數目較多，且其加權比重能較均勻化，則ETFs的風險當能降低，因此當你決定買進ETFs之前最好能了解其成份股內容，這項資訊可從各基金家族的發行公司之網址而得知。

例如Market Vectors半導體ETF（SMH）的相關資訊可由以下網址知悉：http://www.vaneck.com

SMH包含26檔成份股票，其中前3名持股分別為英特爾

（INTC：19.37％）、台積電（TSM：14.05％）、及德州儀
器（TXN：6.62％），因此這三種股票（特別是英特爾與台積
電）對SMH的影響具有舉足輕重。

SMH的大部份成份股（包括以上三種股票）同時也是半導
體指數（SOX）的成份股，它緊密追蹤SOX。購買SMH可讓你
避免半導體單一股票大幅波動的風險，如Teradyne（TER）與
ON Semiconductor（ONNN）等均是波動較大的股票。話說回
頭，當你進入ETF（例如SMH）網站時究竟應注意何種資訊，
以下是一些你應知道的基本資訊：

• ETF的全名與代碼
如SMH（ETF代碼）的全名是Market Vectors
Semiconductors ETF，SMH的過去名稱是Semiductor
HOLDR，它原是屬於美林證券的HOLDR基金家族，HOLDR
的僵硬特質是從不改變其相關股票組成（即成份股名單從不改
變），但後來Market Vectors接管HOLDR後去除其僵硬特質，
而將它改造成常規的ETF。

因此你隨時要注意ETF的全名是否有改變，若全名改變，
則意味著其組成策略可能跟著改變。

• 相關指數及其描述

SMH追蹤Market Vecors US Listed Semiconductor 25 Index，該指數追蹤在美國上市的最大25家半導體公司的表現。

•總淨資產

基金的總淨資產不應少於\$500 M（百萬美元），SMH的總淨資產是\$276.1M。

• 30-天SEC利率（越多越好）

• 淨開支比（越低越好）

• 投資組合成份

SMH的股票佔99.95％，現金佔0.05％，現金不應佔太多百分比。

• 包含在SMH的各種股票代碼及其公司名稱

各種成份股的每日成交量最好大於10萬股，且宜避免成股數目少於20種及股齡少於5年的新公司。SMH包含29種每日成交量均大於10萬股的成份股，其每種成份股的股齡至少10年以上。

• 各種成份股佔ETF淨資產的百分比（即加權值）

對於市值加權基金（如SMH），其成份股的加權百分比隨著股票市值的改變而有變化，然而每種股票的股數則維持不變，例如英特爾若有一天突然大漲，而其他成份股則僅略微漲一些，則英特爾在投資組合內的加權百分比值將會增加（但股數不變）。

因此你須避免投資在少數成份股佔有超大加權值的基金。如SMH的前三名持股為英特爾（INTC）、台積電（TSM）及德州儀器（TXN），其加權值分別為19.95％、13.71％及6.58％，三者合計加權值為40.24％，這顯然是太高了。

以上三種股票（特別是前二者）的特殊動向均將嚴重影響SMH的表現。

觀察SMH相對強度或弱度的另一種有效方法是將它所包含的29種成份股，依加權大小順序建成一份能及時反映價位動態的名錄表，當你看著各成份股價位變動之際，對於SMH的相對強度或弱度應會有較佳的了解。

ETF小叮嚀

今年的市場與去年相比，應是一個較弱的市場，投資方式宜採取分散風險及漸進式（多階段）的投資方式，切忌輕舉冒進。

8-3 買進領先股而非落後股

ETF的選股道理與股票相同，都是要選相對強度高的領先股，而不選相對強度低的落後股，謹守此原則你的交易將無往不利。

一些人以為又稱為龍頭股的領先股價位已經飆高，它不可能再高的了，因此他們寧可買進部門內價位升高尚不多的落後股，而不願買入價位升高已多的領先股。這裡所謂領先，指的是相對強度高，落後指的是相對強度低或相對弱度高。

以上顯示的是一個錯誤做法，往往在市場開盤30分鐘之後領先股飆漲3％，落後股則可能僅0.5％，這時你看著市場買氣旺，準備入市買股，你若選擇落後股，一個極可能的後果是收盤之際領先股共漲6％，而落後股可能僅只0.7％或甚至於0.3％，原因是買家可能從落後股抽出資金及將它轉投領先股。

　　以上的示意說明見以下實例：6／18半導體指數全日看漲
（圖8-3），INTC在開盤的30分鐘後即漲了1％，至當日收盤為
止它共漲了1.9％（圖8-4），而ONNN在開盤的30分鐘後幾乎
在原地踏步，但至當日收盤它卻下跌1.3％（圖8-5）。

　　在半導體部門INTC是龍頭股，而ONNN只能算是落後股，
因此在你決定進入市場買股時最好能盯緊龍頭股購買。

圖8-3／半導體指數（SOX）的一日價位變動

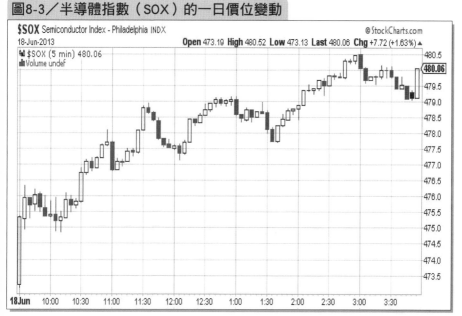

資料來源：Chart Courtesy of StockCharts.com

171

圖8-4／英特爾公司（INTC）的一日價位變動

圖8-5／On Semiconductor 公司（ONNN）的一日價位變動

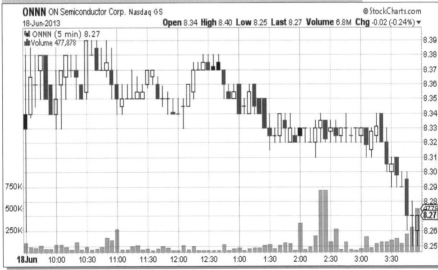

本頁資料來源：stockcharts.c

　　當然一個部門的龍頭股並不僅只有一種股票，如台積電
（TSM）與德州儀器（TXN）也都是半導體部門的龍頭股，但
英特爾（INTC）應是最大的股票。

　　以上的道理也適用於ETFs，當你買進部門內落後的ETFs，
則該基金通常缺乏上漲潛力，若你買進龍頭ETFs，它們通常將
隨著部門的上漲而上漲，有時標的指數雖僅反彈一點點，但部門
內的龍頭ETFs不僅會是第一個到達當天的新高，同時若廣基市
場忽然扭轉方向（即往下），它們也將會是最後一個下跌。

　　相對弱勢的ETFs無法跟隨市場上漲的原因與單一股票相
同，即長短期投資人對該基金的多數成份股興趣缺缺之故。因此
當市場調整方向，若你僅買進對整體市場顯示出相對強度的部門
指數內之具有相對強度（對部門指數）的ETFs，則無疑地它們
在市場反向時可降低你的損失至最少。

　　一旦你真正了解並熟習如何挑選具有相對強度的ETFs，則
不管整體市場是走上、走下、或走橫，你都能找到賺錢的機會。

8-4 分析成交量

成交量是領先指標，它領先價位的變化，使用時主要是觀察累積成交量(OBV)與價位走勢的相對變化，善用此技，你將能洞察市場先機。

在決定ETFs的相對強度或弱度方面，成交量與價位都是最可靠的技術指標，約有多於50％的市場其平均每日成交量是來自共同基金、對沖基金與其他機構投資人的交易，它們的活動決定市場的整體方向。成交量形態與市場價位移動的吻合可證實基金走勢。

機構投資人雖想盡辦法想隱藏其買賣企圖與活動，但其行動卻由大市、ETFs及個別股票的成交量反映出來，此種成交量的追蹤須每天為之。一些專業交易員的技術分析主要是靠價位與成交量這兩項資料，他們並不靠其他技術指標，價位–成交量分析的一般概念是上升的價位形態應與上升的成交量相伴，惟有如

此才能證實大部份的投資人（包括散戶與機構投資人）是支持價位的移動方向。

散戶在市場是扮演關鍵的心理角色，他們並無足夠的購買力以扭轉機構投資人的趨勢方向，因此若看到市場上漲但成交量卻下跌時，它表示市場是受散戶驅動所致，這時若機構投資人介入，後者只要使出少量拋售手段即可抵消小成交的上漲勢頭，也無怪若獲利是在低於平均成交量水平下發生，則市場僅僅只須兩天的下跌即可抵消其累積數星期的獲利而有餘。

總之，機構投資人的一天拋售活動通常能抵消散戶數天的買盤活動。相反地，具高成交量的價位下跌意味著，機構投資人正急著退出市場。當此事發生時你只有兩種選擇，明確地站在購買方，或加入賣出或賣空一方。市場的大跌並不須伴隨著成交量的激增，但持續性的反彈卻很少出現在低於成交量平均值的情況。

若能可靠偵測機構買家或賣家模式的變化，你就能精確地預測價格走勢，其最大原因在於成交量是一項絕不騙人的技術指標，其他指標如移動平均、趨勢線、支撐／阻力水平等雖然在大部份時間都有其效力，但偶爾它們也有不靈的時候。不但如此，

成交量還是一個領先指標而非落後指標，它領先價位。通常是成交量改變數天之後，市場價格始改變以反映成交量改變，成交量的分析可分別從以下數方面來探討：

1）分析個別ETF的成交量

ETFs的平均每日成交量並不重要，原因是市場莊家的買入（bid）與賣出（ask）價自動與其相關股票的走勢同步，而與ETFs本身的供需無關。即使ETFs直接受其相關股票的成交量所影響，但從ETFs的價位與成交量圖中，你若發現有些部門內出現有伴隨高獲利的成交量峰值（volume spikes），這意味著機構買家的累積行為。ETF的價位往上突破往往伴隨著成交量的大幅增加。如果成交量無法以一較高的峰值及價位突破，則該突破是可疑的。

原因是若僅僅只有少量的買家或賣家湧入市場去企圖扭轉市場方向，一旦這些人完成交易，價位常會恢復其原有走勢，價位朝下突破也可用相同的道理解釋。因此在微少的整體市場成交量情況下形成的任何趨勢均應密切留意其動向。當分析ETF的成交量時，你應留意相對於它本身的成交量，而非是其絕對成交量，例如一檔ETF的每日成交量10萬股或100萬股並不重要，重要的是它與其自身平均每日成交量的比較。如果該ETF的平均每

日成交量是60萬股，但在開盤後的第一個小時其交易量已達50
萬股，這意味著當日它相對於自己有非常高的成交量，預料當天
收盤時其成交量可能達每日交易量的2～3倍。

關於以上所敘的一條經驗法則是：ETF突破盤整區的頂部
時，其成交量至少應為其平均每日成交量水平的200～300％。
如半導體ETF（SMH）在4月下旬的突破（見圖5-1箭頭指示
處）即有相對高的成交量，但後來的上升趨勢其成交量漸減，這
預示著上升趨勢無法持久，5月中旬它開始形成盤整，6月中旬
其趨勢開始反向（沒有顯示在圖中）。

2）分析廣基市場成交量
每天觀察紐約證券交易所（NYSE）的S&P500及Nasdaq證
券交易所的總成交量，如果有一天你發現價位上漲伴隨著較高的
成交量，則稱這一天為累積天（accumulation day），這意味著
機構買進。

當價位下跌伴隨著較高的成交量，則稱這一天為分銷天
（distribution day），這意味著機構賣出。健康的市場通常在一
個月內有一、兩個分銷天是正常的，但若有5、6個或以上的分
銷天，則即使最強的上升趨勢也屬可疑。相反地，當市場在一連

串的高成交量下跌之後若忽然開始出現累積天，則下跌趨勢常會終結。

在監視整個市場的成交量之際，你不僅要留意牛市或熊市價位走勢，你同時也須知道成交量水平是否高到足夠使趨勢能持續。原因是成交量領先價位，稀薄的市場成交量往往產生市場波動，這導致趨勢容易反轉。

如觀察S&P500的累積總成交量（即On Balance Volume，簡稱OBV）曲線，發現自今年（2013）開始累積總成交量與價位同步上漲，這表示牛市穩健成長，但自5月中旬以後累積總成交量則逐漸減少，市場終於在6月20日以一長黑線扭轉近半年的牛市趨勢（見圖8-6箭頭所示）。有關OBV的計算與應用參見拙著《我的第一本技術分析p.169》。

若成交量能至少維持在平均值或以上，則趨勢通常能繼續維持，這時即使有少量的賣家湧入市場，但由於有足夠多的買家去吸收賣家的單子，故上升趨勢通常能繼續維持。以上關於上升趨勢中成交量分析的道理同樣可用於下跌趨勢，若成交量與價位的下跌同步成長則趨勢是穩健的，OBV曲線正是觀察趨勢與成交量變化的最佳技術指標。

圖8-6／S&P500上升趨勢成交量遞減的意義（天圖）

圖8-7／S&P500上升趨勢成交量遞減的意義（30-分鐘圖）

本頁資料來源：Chart Courtesy of StockCharts.com

3）分析盤中成交量

盤中（Intraday）成交量的比較能讓你更早得到趨勢可能改變的警訊，如市場在6月20日的反轉若從30-分鐘（或60-分鐘）圖來觀察當能看得更清楚，及讓你能在市場崩盤之前及早逃生。

如（圖8-7）所示，當市場以一長黑突破一週的趨勢線時（見箭頭指示），這時SPX的價位約在1640，在此之前OBV的趨勢卻早一步反轉，它由上升轉為下跌。趨勢線突破與OBV反轉的信號已足夠強烈告訴你，此時正是你退出市場或賣空市場的最佳時機。若你根據天圖（圖8-6）而非盤中圖，則你必是在SPX低於1625時才會退出市場。

ETF小叮嚀

注意OBV趨勢，養成隨時比對價位與OBV走勢變化的習慣，將會讓你更能掌握進出市場時機。

8-5 其他技術分析的應用

善用長短期時框圖的比較與價位圖形態的突破,可大力提升成功交易的概率,並降低風險。

筆者在《我的第一本技術分析p.169》一書中對技術分析的原理與應用有詳細說明,但當時的應用對象皆是單一股票,對於ETF則未曾觸及,相信大多數的交易者也未有經驗使用技術分析於ETF。以下略述技術分析領域中另一些實用的技術,及它們在ETF的應用:

1)應用多種時框來證實

不管是長期或短期投資人,使用多種時框圖來證實同一件事情是頗為重要的,例如前者可用週圖、天圖及小時圖,而後者(如為當天交易者)可用5-分鐘、15分鐘及小時圖,如果這些時框圖彼此顯出矛盾(如小時圖顯示牛市,但天圖卻顯示熊

市），則你不應進入市場交易。例如當一檔ETF跌破小時圖的趨勢線，但在天圖它卻觸到50-天均線的支撐，或是觸到主要的中期上升趨勢線。當此事發生時你應確記的是：較長的時框總是比較短的時框顯示出更重要的技術意義。

換句話說若長時框釋出〝賣出〞或不應〝買進〞的信號，但短時框卻釋出〝買進〞信號，則你應遵循長時框指示。反過來說，如短時框釋出〝賣〞信號，但長時框卻釋出〝買〞信號，這時你雖遵循長時框指示，但因短時框未釋出〝買進〞的時機信號，故你不應有任何交易動作。總之，在你進行交易之際，你應總是備妥至少兩種不同時框的圖，長時框圖是做為背景圖用，而短時框圖是做為掌握買進或賣出時機用。

2）了解盤整涵意

盤整（consolidation）指的是ETF在一小範圍內（例如3～4點）上下波動，當此時廣基市場極可能也是在一橫盤區間走動。橫盤時間不會太長，其範圍將會逐漸縮小（例如縮小到1～2點），這意味著市場或ETF即將決定其下一步方向（牛市或熊市），此際你要留意的是在一段時間的橫盤之後，市場（或是ETF）的價位波動究竟是靠近整個交易區間的上部或下部？如靠近區間上部則市場的下一步變化八成是往牛市走，這稱為牛市盤

整。它意味著機構投資人正在累積股份,而這正是稍後價位突破的基礎。如靠近區間下部則市場的下一步變化八成是往熊市走,這稱為熊市盤整,它意味著機構投資人正在分散股份。因此橫盤之後的下一步走勢依ETF,或市場最後所處交易區間的上下位置而定。

ETF的盤整形態不僅發生在大市(如S&P500)的橫盤期間,它也可能發生在大市趨勢穩定成長之際。一般來說橫盤持續時間越久,最後的突破力道(夾大成交量)將會越強,最後的突破方向也極可能代表趨勢的方向(即假突破的可能性較少)。

即使突破力道不強,只要有效突破則ETF仍將決定其方向。然而若橫盤時間太長或太短,則橫盤形態將失去其預測趨勢方向的效力。因此你應找尋橫盤期至少有數星期的ETFs,及在突破之後買進它們(見第9章)。iShares S&P全球金融指數基金(IXG)在9-12月期間形成一個$41~$44的交易區間,12月上旬的突破牛市盤整形態雖無大成交量,但價位仍然扶搖直上地持續其牛市走勢(圖8-8)。

3)圖形價量形態

多數的股票投資人都了解圖形價量形態的涵意,但他們可

能不知道這些形態也適用於ETF的技術分析，在ETF價位圖中出現最多的是矩形盤整形態，而在股票價位圖中很常出現的三角形卻很少出現在ETF價位圖中，至於頭肩形態則常被發現，如（圖8-9）顯示Healthcare iShares（IYH）的頭肩頂，其成交量成遞減狀態，頸線一旦突破及價位回彈至頸線後一路下滑，其跌幅至少為頭頂至頸線的高度，價位再次從底部上揚後，受阻於由頸線延伸的阻力線。

頭肩頂形態須等頸線突破後才能證實，它的形成意味著牛市的可能終結（即使是暫時終結），你若想藉著該形態賣空市場，有些人認為理想的進入點最好是等右肩頂峰形成及價位向頸線跌落之際，當然也須配合遞減的成交量形態。然而在頸線突破之前即提早進入市場並非是對的做法，此因無法確定頭肩形態是否會形成，而不會形成的概率是頗高的，特別是成交量若非成遞減狀態（如左肩成交量大於右肩）。

如你在形態突破之前即提早賣空市場，止損單須立即跟隨在後，且須將它置於頭部峰頂水平之上至少0.5點之處。不且如此，失敗的頭肩（如右肩峰頂高於頭部）形態往往有非常可觀的上升動力，原因是所有放空市場的賣家此時必然匆匆補倉（即買回其股份），而原來退出市場的買家此時再度風湧入市。因此筆

圖8-8／iShares S&P全球金融部門指數基金（IXG）的盤整形態

圖8-9／醫療保健iShares（IYH）的頭肩頂形態

本頁資料來源：Chart Courtesy of StockCharts.com

者認為頸線突破之前即冒然進場的做法具有相當風險，最好是等到頸線被有效突破之後才進入市場。

從時機的掌握來看，你可選在有效突破的當天收盤前15分鐘入市（賣空）或是在突破後價位反彈至近頸線時入市，對於任何賣空的行動止損單須緊跟在後。如你準備賣出股份則在右肩形成時即可採取行動，不要等到頸線突破後再退場。

頭肩形態的完成（即有效突破）須費多長的時間，這依你所選用的圖形時框而定，例如5-分鐘圖的頭肩完成約須數小時，而60-分鐘圖則須數天至一星期，天圖更須數星期，週圖則須數個月。

頭肩底形態的交易道理與頭肩頂同，它釋出強烈的牛市信號，你的買進時機須等到頸線突破後，而止損單則則須置於頸線之下0.5點之處。若你在右肩頭部完成後即提早買進，須承擔較多風險，此時止損單可置於頭部谷底水平之下0.5點之處，預期的價位升幅至少是從頭部到頸線的距離。

8-6 注意200-天
移動平均線的效力

200-天移動平均線常是衡量整體ETFs市場長期穩健性的指標，
你應特別留意此平均線的突破與否。

　　當分析天圖時最常用的一組移動平均線（MAs）是20-50-
200天，20-天MA顯示短期，50-天MA顯示中期，200-天MA則
顯示長期價位趨勢。MA的時框越長其做為支撐與阻力的效力越
強，許多機構投資人利用電腦程式交易，他們往往設定自動交易
指令。

　　當股票或ETF下跌到50-天MA時即開始買進，而當下跌到
200-天MA時更是如此，這原因是200-天MA常被當做是衡量整
體ETFs市場長期穩健性的指標。相反來說，若股票或ETF上漲
到觸及50-天MA或特別是200-天MA時，機構投資人即開始賣
出。

此際所謂〝開始〞，指的是初次測試200-天MA，通常在200-天MA被有效貫穿前會有數次價位測試。（圖8-10）顯示200-天MA的阻力效應，價位在初次觸及均線後通常會先下跌（但並非總是如此）然後再回頭測試均線。

　　（圖8-11）則顯示200-天MA的支撐效應，此圖的MA測試僅有一次。如果是週圖則通常使用10-週（50-天）與39-週（195-天）或40-週（200-天）均線。（圖8-12）顯示，2013年第一季PBW觸到39-週MA後，後者即從阻力線變成支撐線。

圖8-10／200-天移動平均的阻力效力（XLY天圖）

資料來源：Chart Courtesy of StockCharts

圖8-11／200-天移動平均的支撐效力（VTI天圖）

圖8-12／39-週移動平均的支撐與阻力效力（PBW週圖）

本頁資料來源：Chart Courtesy of StockCharts.com

189

8-7 部門的資金逆流關係

觀察不同部門的資金流向將讓你獲得雙倍的交易機會。

當你觀察機構投資人的資金在產業部門間的流動模式時，你將會清楚看到產業間的一些負相關關係，這意思是若機構買家將其資金投進任何特定部門（可由相對強度與成交量看出），則必然的，該項資金是來自另一個產業部門。

你在同一個時間點觀察到A部門顯示相對強度，而B部門卻顯示相對弱度時，你將會開始理解部門交易與資金流向的關係。

廣義上技術相關部門（如半導體、軟件與互聯網）與較具防禦性的部門（如公用事業與藥品）呈逆相關，而油氣部門與運輸部門亦呈逆相關，固定收入ETF（即債券ETF）則與黃金及外

國貨幣呈逆相關,它們彼此間的實質關係往往隨著時間而改變,
故以上說法只能做為初步的參考。當你了解此等逆向關係之後你
將會獲得雙倍的交易機會,即你可買進有著相對強度的部門,與
此同時你又可賣空有著相對弱度的部門。

ETF小叮嚀

200-天移動平均線是一條堅強的心理線,在
應用時應配合其他較短期平均線走勢來聯合
判斷行情。

進場與出場策略

9-1 部門的資金逆流關係

基於阻力線與趨勢突破的進場策略是一種較安全及有利可圖的
策略,你的資金至少有三分之一應使用於此階段,其餘資金則
在其後的回檔時再陸續進場。

　　當你買進ETF時應儘可能使用限價單(limit orders),此
類交易單能讓你得到指定的價格,但確不可將限價設得離市場價
太遠,如這樣做你的單子永遠無法成交,賣出ETF時當然也宜使
用限價單(使用法見本章後文「移動止損」)。至於ETF的交易
時間,它與股票相同,即美國東部時間早上9:30至下午4:00。

　　最有效與最有利潤的進場及出場策略主要是基於趨勢線、
支撐與阻力。所謂突破(breakout)指的是股票或ETF往上貫穿
價位阻力後,飆升到一顯著水平,如果是朝下貫穿價位支撐,這
稱為貫穿(breakdown)。以上不管是往上突破阻力線或朝下貫
穿支撐線,兩者都可能發生在盤整區或任何其他價位形態。

除此，突破並到達52-週新高或數年新高，通常意味著後續價位的繼續上揚。一些投資人在價位突破阻力線及創新高時不敢買進，他們認為價位已高時去做買太危險，殊不知價位到達新高正像徵著買氣的攏聚，此時買進正是賺錢的良機，如（圖9-1）箭頭指示處顯示。DGS在12月與1月交接之際夾大成交量突破細長三角形的頂部形態線，此後一路飆升。與此相對照的是DGS在8月朝下擊穿支撐線之際並無大成交量，但價位仍然一路往下滑（見圖9-2箭頭）。

圖9-1／WisdomTree新興市場小型股息基金（DGS）的向上突破

資料來源：Chart Courtesy of StockCharts.com

（圖9-3）顯示GLD在09年下旬夾大成交量突破阻力線而到達兩年新高後，價位從100漲到多於115，之後回檔（pullback）至靠近支撐線後再往上走，至2011年下旬其漲幅達180%（未顯示在圖中），宜注意的是，當GLD回檔時其成交量遞減。

當股票或ETF到達新高之際，在那水平過去並無投資人曾有股份被困在該價位，故不會有人立即拋售，但當價位漲至某顯著水平，獲利回吐即開始，這是回檔產生的原因。此種回檔有時會使得股票（或ETF）再次測試支撐線，但多數情況下它最多僅會回檔到先前漲幅的$\frac{1}{3}$～$\frac{1}{2}$處。GLD的回檔幅度較大，但尚未觸及支撐線，投資人若順著主要趨勢方向並在回檔時買進是較安全的做法。

然後你持有它，直至它跌下39-週（或40-週）均線時始退出市場。在買進時應依據天圖而非週圖，買單（buy order）進入點至少須高於前次高點25～35¢，若離前次高點太近（例如只有數¢），則容易被市場莊家或專家吃掉你的單子。原因是這些人擁有巨大的購買力，他們有能力在ETF價位反向之前將其價格推到高於前次高點數¢或低於前次低點數¢之處。

圖9-2／WisdomTree新興市場小型股息基金（DGS）的朝下貫穿

圖9-3／SPDR黃金信託股份（GLD）的突破兩年高點而到達新高

本頁資料來源：Chart Courtesy of StockCharts.com

經驗不豐的短線客或投資人其傳統概念通常不離「買低與賣高」，故他們會儘量避免在ETF到達新高時買進，但實情與其想像有大出入，當ETF到達新高時往往它會再往高處走，原因是新高之上沒有阻力線（即上頭的供應很稀少），該處（新高）並不須要有太多需求即可促使價位往上走。

此際你要留意的是若突破並到達新高之舉失敗，ETF將會迅速掉轉方向，為了避開此種風險你可選擇回檔時買進，但困難的是並非所有ETF都會到達新高後馬上回檔，它往往一往直前，等到它回檔時價位已達天價。

除此，你也不知它會回檔至何種水平，因此若要待回檔時再買進往往會錯失良機，最好的做法是待ETF有效突破阻力線時即行買進，這時機往往是突破的當天。你可選在當天收盤前15分鐘之內買進以防價位反向，此外買進後當天須立即安排止損單，賣點可置於阻力線之下25～35¢之處，這原因是若價位反向（不管向下或向上），其速度將非常快速與凶猛，因此你不宜等到第二天開盤時再安排止損單。

價位反轉快速與凶猛的原因是，所有已買進且處在新高的專業交易者雖突然發現情況不如其預期，但他們已被困住，其職

業本能促使他們立即砍單以止損，並等待另一個突破的機會，這種行動產生向下的氣勢。與此同時，另一旁伺機等候的賣空投機客看出機會來了，立即下單賣空，這樣更助長了ETF的向下氣勢。總之，短短15分鐘內你須做好兩件事，即買進（或賣空）ETF及安排止損單。

9-1.2 趨勢線的突破與回檔

上節說明水平阻力／支撐線的突破與回檔，本節將針對趨勢線突破與回檔略做說明。如你是波段交易者則使用天圖做為交易依據，如是長線交易者則可使用週圖為依據。如你準備買進，則回檔的買進是基於找尋上升趨勢的概念，你所要做的是等待突破後第一次的拉回至接近支撐（如主要趨勢線或MAs）。

如想賣空做法則是相反，即等到價位反彈至逼近阻力線（如主要趨勢線或MAs）時為之。因此突破趨勢線的優先買進時機與突破水平阻力線略有不同，後者的優先買進時機是在突破後及回檔前。上升趨勢一旦形成通常會有穩定的成長，這代表機構買家穩定地將資金投入到個別部門，有些趨勢能持續數年，有些則較短，下跌趨勢線至少由兩個或三個峰頂構成，上升趨勢線則至少由兩個或三個谷底構成。

日元（FXY）在2008年4月至9月期間形成一個下跌的中級趨勢（圖9-4），其主要趨勢是上升趨勢。中級趨勢在9月初遭突破（突破時有大成交量，見（A），價位隨即回檔，回檔時以50-天均線為支撐且成交量遞減，你的買點是（B），它是當回檔後又開始上升的收盤價，此後FXY又往上升後形成一成交量遞減的盤整形態，盤整的底部是以20-天均線為支撐，突破盤整往上漲時有高成交量。

　　以上從FXY初次突破趨勢線到回檔，再到突破盤整形態，其每一動作均釋出牛市的信號，至此5個月的中級反動趨勢終

圖9-4／日元（FXY）的中級下跌趨勢與突破

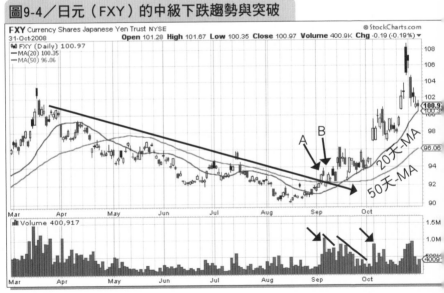

資料來源：Chart Courtesy of StockCharts.c

結，FXY再次回到主要上升趨勢。趨勢交易的關鍵點是：一個趨勢的持續時間越長，則它越有可能在原有方向走動，當然它也越有可能遭突破。

專業的交易者常在做為支撐的上升趨勢線安排買單，並預期價位在觸及趨勢線時反彈向上（如日元在9月之後的走勢，見圖9-4）。同理，他們也會在做為阻力線的下跌趨勢線安排賣空單，並預期價位在觸及趨勢線時反彈向下（如日元在4月之後的走勢，見圖9-4）。

就因這個緣故，趨勢一旦形成它往往能繼續其原有走勢方向，直到市場狀況改變或重大的事件突然發生為止，趨勢才會改變。長期趨勢的建立通常至少須數個月，但其持續則可能達數年，有些投資人看到趨勢已進行數個月，認為此時買進為時已太遲，因此僅在旁觀望而不敢入市，這是認知上的大錯，殊不知好戲就在後頭。

前文提到從天圖去掌握回檔時機主要是基於經驗法則，更精緻的方法是，進一步觀察60-分鐘或30-分鐘圖，當股票或ETF回檔時它在盤中圖形成一下跌趨勢，你須等待此下跌趨勢線遭有效突破後始買進，否則寧可不進場做買賣。以下用瑞士法郎

（FXF）說明此種概念的應用：

（圖9-5）是瑞士法郎FXF的三個月價位圖，從圖可看出5
／30 FXF突破短期下跌趨勢線後第二天（5/31）即迅速回檔，6
／03它突破回檔形態阻力線（見圖9-6箭頭A），價位往上走，
你的買進點應在確定FXF的有效突破回檔形態線（或趨勢線）
後才能買進，因此你的實際買點是在箭頭（B）與（C），其中
（B）代表突破回檔阻力線後的買進點，（C）代表突破回檔阻
力線後再拉回的買進點。

另一個決定回檔買進點的方法是利用20-天均線，在一個強
趨勢中買家往往在價位觸及20-天MA支撐時即迅速買進，基於
此你的初次買進點應在5／30當價位收盤在20-天MA之上時為之
（見圖9-5①箭頭指示處）。

因此你可選在5／30的收盤前15分鐘內為之，以後的買點則
可選在每一次價位觸及上升趨勢線或是當趨勢穩健成長時。每一
次當價位回檔至20-天MA時即可買進，直到5/27當價位跌落20-
天MA之下為止（見圖9-5②箭頭指示處）。注意，FXF在5／30
突破下跌趨勢線時，並無大成交量，即使如此，只要當日收盤在
趨勢線之上時仍算是有效突破。

圖9-5／瑞士法郎（FXF）的最近（2013）三個月價位變化

圖9-6／瑞士法郎（FXF）的最近（5／13～6／17）60-分鐘圖

本頁資料來源：Chart Courtesy of StockCharts.com

9-1.3 短期修正

　　有時市場氣氛熱絡，上升趨勢強勁，價位可能不會立即回檔，你將錯失在第一次回檔時買進的良機，這時你須耐著性子等待短期修正的出現。所謂短期修正指的是股票或ETF其走勢相反於主要趨勢方向，直到它觸及趨勢線或MAs的阻力或支撐水平為止。

　　在一個穩定下跌的市場，若你使用60-分鐘圖，則價位反彈至20-期及40-期（或50-期）MAs時常能提供賣空操作的理想進入點。一檔較弱勢的ETF常會反彈至觸及20-期MA後即恢復其下跌趨勢，而較強勢的ETF則可能反彈至觸及40-期MA（或50-期MA）後才恢復其原有走勢。在上升趨勢的場合道理也相同，20-期MA及40-期MA常能在60-分鐘圖中對短期修正提供有力的阻力。

　　如（圖9-7）所示，在60-分鐘的日元（FXY）上升趨勢圖中，短期修正的價位基本上以20-期MA及40-期MA為支撐（箭頭指示處即為你的買進點）。而在下跌後的盤整，以上兩種MAs即變成阻力。在iShares 道瓊斯美國家庭營建（ITB）的下跌趨勢60-分鐘圖中（圖9-8），短期修正的價位以20-期MA及

圖9-7／日元（FXY）的短期價位修正（60-分鐘圖）

圖9-8／iShares 道瓊斯美國家庭營建ETF（ITB）的短期價位修正 （60-分鐘圖）

本頁資料來源：Chart Courtesy of StockCharts.com

50-期MA為阻力線，箭頭指示處為你的賣空點，當然有人不免會問，使用60-分鐘圖時究竟應以20-期MA或50-期MA為準來設下賣空限價單？另一個問題是究竟應在平均線的何處來安排限價點？這些問題的答覆如下：

◆ 基於50-期MA做為支撐或阻力強過20-期MA的事實，首先利用MACD-Histogram圖來觀察ETF的走動氣勢（高峰頂及高谷底代表上升或下跌的氣勢強，否則反之），若氣勢強則宜以50-期MA為基準，若氣勢弱則以20-期MA為基準來安排限價點。

◆ 若選定50-期MA為限價基準線，在上升趨勢場合，當價位往下逼近50-期MA時你始瞄準可能的觸及點之下設置限價買進單。在下跌趨勢場合，當價位往上逼近50-期MA時你始瞄準可能的觸及點之上設置限價賣空單。

ETF小叮嚀

退出虧錢單子比退出賺錢單子的決定困難，為了避免臨場困擾，可使用止損單來達成退場目的。

9-2 退場策略

基於移動止損的退場策略主要是利用趨勢線來安排止損點，善用此策略將能保住已獲得的利潤，及當然地，可應付市場的突然轉向。

　　若不了解何時退出市場則利潤常會變成損失，但若退出太早則利潤往往大為縮水，或是在市場氣氛最低迷的情況下退出損失單子，則巨額損失永遠救不回。下文將提出一些有利或能減少損失的策略以供參考。

9-2.1 退出賺錢單子的策略

　　當你的ETF交易有利潤時，感情上可能出現兩種複雜的矛盾心態，一則你希望ETF漲得更高，這是貪心作祟，另一是你害怕ETF轉向，這是恐懼作祟，這兩種心態都同樣有害於你的投資

操作，要解決此種矛盾心態，你應熟習移動止損的策略。然而要能有效利用以上策略，你須能清楚辨識支撐與阻力水平以做為退場依據。

任何尚未處於52週新高的ETF都將會有一些技術阻力，先前的高點就成為水平價位阻力（例如圖9-3的虛線水平阻力），這原因是過去一些滿懷希望的投資人剛好在拋壓之前的最近高點買進，就是這些人創造了水平價位阻力區。

其他類型的技術阻力包括趨勢線、移動平均線（MAs）、或是Fibonacci回撤水平等。買進時向上的價位目標與這些不同阻力的技術水平有關，相同道理，當趨勢走下時賣空的價位目標與不同的支撐水平有關。總之，在買進任何非處於新高的ETF時須檢視圖形，看有無重要阻力帶存在，例如買點之上有無20-天與50-天MAs，及50％或61.8％Fibonacci回撤水平？有無阻力型趨勢線或過去的新高？

以上的每種指標都會產生實質的阻力區，而使得向上飆升的ETF撞牆，並可能形成反向趨勢。上方的阻力水平越強，ETF就越困難漲升，為了這些緣故你須檢視一些不同時框的圖，如60-分鐘圖、天圖與週圖等。當針對不同時框圖比較相同的ETF

時你可能會發現，其中之一圖看起來像是走牛市，而另一圖則像是走熊市，此時你應以時框較長的圖為判斷依據，因此不須在意短時框圖中的阻力帶。

然而，如果你是波段交易者（例如交易期2～5天）或其他短線交易者則你並不須在意週圖中較遙遠的阻力帶。除了評估不同時框的阻力水平外，你也須特別留意數種不同阻力水平的收斂點（或小區），例如在同一時框圖中你可能會發現20-天MA、50-天MA及主要的下跌趨勢線，這三者彼此收斂在數¢的小範圍內。互相收斂在一齊的阻力水平越多，ETF就越難往上超越收斂價格，因此遇到此收斂小區存在時就是你退場的時機。

在注意先前的高點時你不僅要留意其實際價格，同時要注意阻力帶的厚度，這個厚度是由買點上面的供應量來決定，其形成與在較高價位（比目前市場價高）買進ETF而被困住的投資人有關。一旦理清了潛在買價上方的主要阻力帶，你即可設定預期的價位目標，但這個目標價位並非一定是你的退出價位，它僅意味著ETF走勢將在該水平暫停移動以決定其下一步走向。

因此在ETF靠近目標價位時，你每天均須設定前一天的低點為止損點。如果ETF的牛市氣勢能在觸及止損點之前衝破阻力

帶，則它將繼續上漲，如果它無法衝破阻力帶，則它將下跌並觸及止損點，這時你即自動出局。如果你的賺錢單子已處於新高，由於其上方無阻力，若你要擴大利潤而又不願冒市場反向時失掉所有利潤的風險，則唯一做法就是使用移動止損，至於止損點應設在何處，後文將詳細說明。

9-2.2 退出虧錢單子的策略

對於退出虧錢單子的策略，較保守的經驗法則是任何一次交易的風險不應多於帳戶總資金的2％，因此每一次交易後你均須立即安排止損單。至於止損的策略是否一定須採用上法，這卻未必，讀者可參考拙著的說明①。

有經驗的交易者都知道，無論是誰都無法十戰十勝，致勝的關鍵是若能少輸就是贏，而要做到此平均10次交易中你約須贏5～7次，且每一次輸的交易都不能是大輸。如何做到以上境界，下文將略做申論。

正如先前的高點代表主要的阻力水平，先前的低點則構成主要的支撐水平，而在目前價位水平之下的MAs與趨勢線則構成支撐，多種支撐水平的收斂點（或小區）提供比一條MA或先

前低點更有力的支持。上文用阻力水平來決定價位目標的方法在此能被用來做為支撐水平之下的止損安排。大力降低每一筆交易的平均金額損失之首要做法是必須有一個計劃以應付失敗的向上突破。

向上突破（不管是突破趨勢線或先前高點水平）通常都能帶來巨大利潤，但如ETF無法順利維持在先前阻力水平，則其反向走勢將非常快速，這時你須進行當日交易，這種情形如是使用K-線日線圖（candlestick chart）則你會看到，在突破當天的午盤時間（東部時間下午4時收盤），尾線（或稱上陰影線）將位在顯著的阻力水平之上，而黑實體則位在其下，這時你應當機立斷，在當天收盤之前即應退出市場，千萬不要等待第二天看光景如何再做決定。

在極少數情況下第二天ETF會再嘗試突破，有時果真的它竟會有效突破阻力帶，但多數情況下在突破當天收盤在阻力水平之下的ETF，通常意味著突破處是短期至中期頂部。突破一旦失敗，則所有其他看好市場的買家如今都被困住，你當然不希望如此，因此你應當機立斷，在當天收盤前立即退出市場。如果ETF於突破當天收盤在阻力水平之上，但第二天卻跌落其下，若然如此ETF將觸及止損單，而你將自動出局，這種場面的輸僅會是小

輸，你的止損點將設在前次高點之下或20-天MA之下約25¢～35¢處。關於止損點的設定，你可能有你自己的主意，若設在30、50、或100等回合數（round number）之處，則它將非常容易被點擊到及當然地，你將很快出局。因此如你想設在$50，則不妨調整為$49.79，或最好是$49.47。

上文所提的阻力之上或支撐線之下25¢～35¢處設止損點說法，並非是絕對，它適用於非高價股（如股價小於$50）及正常波動範圍，如果是高波動股或高價股（如股價大於$50）則以上數字須至少再加上25¢，且須避免加後的數字為回合數。

例如Market Vectors 石油服務ETF（OIH）在6月中旬的突破高點水平（見圖9-9虛線）情況，它第一天收盤時雖然有效突破前次高點，但第二天卻跌落該水平之下（見圖9-9箭頭指示處），此後OIH以跳空的姿態迅速下墜。

9-2.3 上升趨勢的移動止損

移動止損是一種針對賺錢單子連續提升（如是買進）或降低（如是賣空）保護性止損點的做法，當市場觸及止損點時你是在賺錢的情況下退場，每一次你調整止損點即是鎖住利潤，這種

圖9-9／Market Vectors 石油服務（OIH）6月中旬的失敗突破

資料來源：Chart Courtesy of StockCharts.com

做法可以防止市場反向時你已賺得的錢又全數吐回，移動止損的
說法聽起來是如此簡單，但問題是止損點應如何安排才是妥當。

　　移動止損有兩種類型，它們是手動移動止損及自動移動止
損。手動移動止損是當ETF漲升時你須親自更改止損價，做法上
首先當然是取消原來止損單，然後再設定新止損單。自動移動止
損則可容許交易者在設定一金錢數額或百分比值後，電腦軟件即

會在每次ETF漲升時自動提高止損價，例如30¢自動移動止損的意思是每一次ETF價格漲升時軟件將連續提升止損價，且使得止損價位在目前市場價位之下30¢之處。自動移動止損雖然非常有利於那些無法全時監視市場的交易者，但它只能考慮固定價位或百分比，而非技術操作指標。至於手動移動止損則可根據支撐、阻力與趨勢線來設定止損點。

（圖9-10）是一例子，它可用來說明手動移動止損的操作法：消費者非必須品選擇部門SPDR（XLY）在2013年初開始另一波的牛市，你的止損點隨著XLY的漲升而逐漸調高，它可沿著20-天MA、50-天MA或趨勢線來調整，只要XLY價位上升你就調高止損價。止損價可設在以上任三種支撐線之一的下方（如是下跌趨勢則設在阻力線之一的上方）25¢～35¢處。

假設你以趨勢線基礎來設立止損點，則你將於箭頭指示處退出市場。至於你應使用何種支撐線做為設定止損點的基礎，這依你的性向而定，非常保守的投資人可能使用50-天MA，但一般來說利用趨勢線來調整止損點是較為普遍的做法。

當ETF靠近回歸線（即上升趨勢軌道的上端與趨勢線平行的軌道線）時，它拉回機會很大。在上升趨勢場合，它拉回後通

圖9-10／上升趨勢手動移動止損的做法（天圖）

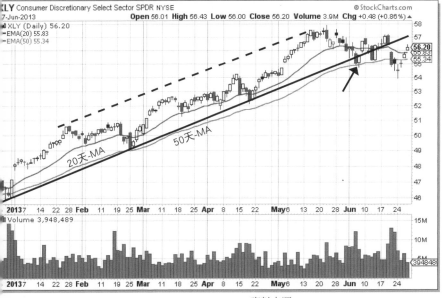

資料來源：Chart Courtesy of StockCharts.com

常又會再回升，你如果想趁此高價之際鎖住利潤，則可利用盤中圖的移動止損。

　　例如能源選擇部門SPDR（XLE）（圖9-11）在4～5月形成一個上升趨勢（見趨勢①），6月份它又分別形成兩個短期上升趨勢（見趨勢③與④），如你認為③與④這兩個短期上升趨勢不過是次級的反動趨勢，因而希望在價位從回歸線（見圖中③與

④兩虛線）回檔時退場，便可使用盤中圖（見圖9-12）進行移動止損，當價位突破趨勢線（見圖9-12的兩實線，此兩上升趨勢相當於（圖9-11）的趨勢③與④）時自動退場，退出點見箭頭①與②指示處。

當ETF最後突破趨勢線（不管是上升或下跌趨勢線）時，你應留意突破時的成交量，成交量的大小關係到突破後的走勢是否會立即反轉，如（圖9-11）顯示，6月上旬之前的的兩條趨勢線（見趨勢①與②）之突破，趨勢線①突破時有大成交量（見箭頭⑤指示），突破後ETF不會立即反轉，趨勢線②突破時沒有大成交量（見箭頭⑥指示），突破後不久價位即反轉而繼續走下，若你在趨勢線②突破時買進但沒有立即安排移動止損，將會有大損失。

9-2.4 下跌趨勢的移動止損

在下跌趨勢中你若賣空市場，移動止損的設定道理就如上升趨勢的做法，如圖（9-13）所示，Market Vectors石油服務ETF（OIH）在2月中旬至5月形成一下跌趨勢，你的止損點沿著趨勢線往下移動（其價位可設在趨勢線上方25¢～35¢之處），直到5月初趨勢線遭突破為止。2／14 OIH在快速飆升

圖9-11／能源選擇部門SPDR（XLE）在6月中上旬形成一個短期上升趨勢，6月下旬它又形成一個短期（？）上升趨勢，兩個短期趨勢的回歸線以虛線表示（天圖）

圖9-12／靠近天圖回歸線時的獲利可利用60-分鐘圖的移動止損來獲得，圖中的兩實線代表趨勢線

本頁資料來源：Chart Courtesy of StockCharts.com

217

的趨勢中以一長白線及高成交量形成一個涸竭頂部（exhausted top，見圖9-13（A）），假設你於次日（2／15）賣空它（見箭頭①指示處）後，開始等待第一個較低的低點（LL）之形成，2／26第一個LL形成（見B），而隨後第一個較低的高點（LH）則形成於3／15（見C）），至此你可從（A）至（C）劃出一條向下傾斜的直線，這是下跌趨勢線的最初形狀。

4／5第二個LL形成（見D），4／11又形成第二個LH（見E），由於兩個LH及兩個LL相繼形成，趨勢軌道發展至此已完

圖9-13／下跌趨勢移動止損的設定（天圖）

資料來源：Chart Courtesy of StockCharts.

全形成,但在5／3趨勢卻遭突破（見見箭頭②指示處）,突破日有大成交量（見箭頭③指示）,這時你將自動退場。

但如果在上例你沒有沿著下跌趨勢線設立移動止損,則將可能蒙受大損失,原因是OIH趨勢線遭突破後並沒有立即回檔,在以後的三個連續交易日它皆上漲,然後形成盤整,你若於此時退場當然有大損失。

總之,上文提到的移動止損應用,不管是買進或賣空、或是任何時框圖,其使用原理都是相同的,即沿著趨勢線移動止損點。對於上升趨勢,止損點設在趨勢線（即支撐線）的下方,對於下跌趨勢,止損點設在趨勢線（即阻力線）的上方。使用自動止損將好過於使用手動止損,原因是可以免除情緒的干擾。

註解:廖日昇著,「我的第一本波段操作」,我識出版社（台北）,2112年11月,第7章風險控制

附錄　折扣服務經紀公司及其網址

Charles Schwab	www.schwab.com
E* Trade	www.etrade.com
Fidelity	www.fidelity.com
Vanguard	www.vanguard.com
Interactive Brokers	www.interactivebrokers.com
Scottrade	www.scottrade.com
Thinkorswim	www.thinkorswim.com
TradeKing	www.tradeking.com
Zecco Trading	www.zecco.com
TD Ameritrade	www.tdameritrade.com
Firstrade	www.firstrade.com

　　在報名加入以上公司之前宜先進入其網站，以了解各公司的收費及服務概況。

　　對持有多樣化投資組合的長期投資人ETF固然是理想的投資工具，短期投機客如能善用技術分析則ETF也不失為是一種極佳的投資工具。ETF的低經營成本再加上互聯網的低交易佣金，與一個中等大小的投資金額，這些因素結合起來將極大降低你的總投資成本，除此，ETF能夠最大限度地降低資本利得之事實也將大力降低你的課稅額。總結來說高度多樣化投資組合的ETF是非常適合資產配置計劃，它在各資產類別之間的再調整尤其具有不可思議的方便。

　　雖然ETF能提供投資人如此多的好處，但若缺乏風險心態與計劃則你的成功必將無法順利達成。所謂風險心態就是風險承受能力，也就是究竟股市須有多大跌幅才會造成你的恐慌情緒之意，此種風險承受能力人人不同，在進入股市前你對該能力宜有清楚了解。

　　每一個成功的交易者在過去都至少會有一次或數次曾損失巨金的記錄，如果有人說他沒有，則這人不是在說謊，就是一個尚無緣領受到大風大浪的市場新手。為了從股市獲利你必須具備有某種水平的風險心態，如果沒有這種心態你無法從市場獲利。

　　但具有風險心態意味著你隨時將承受損失，你必須視此種損失為一種正常情況，它是投資生涯的一部份。然而光有風險心態還不夠，關鍵點是你須能透過移動止損來預先決定每一次交易的

後記 Postscript

損失額度，如果每一次虧錢交易的平均金額損失能小於每一次贏錢交易的平均金額獲利，則你就是股市的常勝軍了。由於在初期階段你的交易將可能充滿各式各樣的錯誤，故在初期你必須極力降低總資本風險（上文提到的2%總資本風險對新手仍嫌太大），直到你已具有較多經驗及也有贏錢的較多記錄為止。

長期贏家與常年失敗者的最大差別是前者能從其失敗中獲取教訓，並努力使該種失敗不再重覆發生，為了做到此，你最好能使用交易日誌，它忠實地記錄每次交易的成功與失敗之處，因此它會讓你反思為何導致此種成敗的原因。

股市的成功要素在於能仔細觀察市場、努力學習新知及確實改善自己，千萬不要以為自己是教授或工程師，交易能力一定比一般人強或是比市場更聰明，如果如此想你就完全無法改善自己了，而此種人也最好遠離市場，以便能專心做好教授與工程師的工作。

最後要叮囑有志於投資的讀者的是，由於市場指數目前已越來越多，且它們變得比以前更為複雜（例如動態大型成長Intellidex指數），進行ETF投資之前你最好能花一些時間去具體理解指數內涵及相關ETF的投資標的，以確認它是否符合自身的投資目標，及是否與自己的投資風格(如風險承受能力)相一致。

　　一個觀念，可改變一個人的命運，一個點子，可創造一家企業前景。為了提昇企業經營的創新與創意層面，透過產品創新與創意培訓的發想，配合創意行銷模式的導入，以達成經營績效的提升。我們將邀請兩岸的頂尖創業家齊聚一堂，暢談其成功之鑰，給台灣的朋友們注入更多的啟發和信心，以增進國人軟實力。

報名請上網址：www.silkbook.com  我要報名

財經雲 15

ETFs技術分析圖典

出 版 者／雲國際出版社
作　　者／廖日昇
總 編 輯／張朝雄
封面設計／陳冠傑
內文校對／李韻如
排版美編／YangChwen
出版年度／2014年4月

郵撥帳號／50017206 采舍國際有限公司
（郵撥購買，請另付一成郵資）
台灣出版中心
地址／新北市中和區中山路2段366巷10號10樓
北京出版中心
地址／北京市大興區棗園北首邑上城40號樓2單
　　　元709室
電話／（02）2248-7896
傳真／（02）2248-7758

全球華文市場總代理／采舍國際
地址／新北市中和區中山路2段366巷10號3樓
電話／（02）8245-8786
傳真／（02）8245-8718

全系列書系特約展示／新絲路網路書店
地址／新北市中和區中山路2段366巷10號10樓
電話／（02）8245-9896
網址／www.silkbook.com

ETFs技術分析圖典/ 廖日昇著. --
初版. -- 新北市：雲國際, 2014.04
面；　公分

ISBN 978-986-271-467-6（平裝）

1.基金 2. 技術 3.投資分析

563.5　　　　　　102027030